ISBN 2-87938-001-4

Dépôt légal : 2e trimestre 1991
Conception maquette : Corinne Pauvert
Coordination : Isabelle Gruffaz
Photographies de couverture : Jean-Bernard Laffitte
Imprimé en Belgique

LA *cuisine* DES MOUSQUETAIRES

par Maïté et Micheline

racontée par Alain Pujol

France 3 Aquitaine

EDITIONS DE LA PRESQU'ILE

La cuisine des mousquetaires

La cuisine fait partie de la culture du Sud-Ouest, c'est, à n'en pas douter, un art à part entière en Aquitaine, une vraie "tradition" régionale.

La Cuisine des Mousquetaires a été conçue en référence au "Grand Dictionnaire de la Cuisine" d'Alexandre Dumas, illustre gascon.

Cette émission de télévision régionale est née en 1983 pour mettre en valeur l'intérêt séculaire des habitants de cette région pour les mets, la table et la générosité de la terre aquitaine riche en ressources naturelles, productions d'un environnement varié et de qualité.

FR3 Aquitaine a essayé d'offrir, à tous les amoureux initiés ou simples amateurs, les nécessaires connaissances.

FR3 Aquitaine a souhaité montrer les particularités d'une région à travers l'un de ses paramètres culturels : L'art de la table.

FR3 Aquitaine a voulu ainsi assurer la pérennité d'un patrimoine à la veille de l'ouverture des frontières internationales pour conforter l'existence d'une tradition locale sur la scène régionale, voire internationale, de plus en plus imprégnée de nouvelles cuisines.

La Cuisine des Mousquetaires est une émission à la portée de tout un chacun et qui s'adresse à tous les palais, à tous les âges et surtout à toutes les bourses.

La volonté des initiateurs a été de proposer une émission à partir des vraies richesses de notre terroir, des saveurs profondément traditionnelles, et d'une atmosphère typiquement locale, à cet égard un peu comme on feuillette l'ouvrage d'Alexandre Dumas, comme on choisit des thèmes, et concocte, autour de ceux-ci, différentes compositions culinaires, comme l'artiste fait vivre sa toile.

Il s'agit bien de créations originales dans une tradition très gasconne.

Thérèse Lizée qui était en 1983, responsable des programmes de FR3 Aquitaine, Patrice Bellot le réalisateur, Micheline et Maïté voient avec ce livre leur passion récompensée.

Jean-Claude Sire
Responsable de l'Antenne
et des Programmes de FR3 Aquitaine

Ce livre est né d'une émission de télévision régionale. Et toute émission qui prend naissance est une aventure.

Celle-ci a commencé lors d'une visite que fit à mon bureau Micheline Banzet. Elle avait entre les mains "Le Grand Dictionnaire de Cuisine" d'Alexandre Dumas, le père des Mousquetaires. "Ne pourrions-nous, me dit-elle, faire à partir de cela quelque chose pour l'Aquitaine ?"

F R 3 recherchait alors des séries prenant racine dans la région, mais susceptibles d'intéresser toutes les télévisions régionales françaises. Pourquoi ne pas proposer la "Cuisine des Mousquetaires ?" Et, rapidement se constitue l'équipe : autour de Micheline Banzet, l'initiatrice, Patrice Bellot le réalisateur et Maïté, l'interprète.

Maïté fait la cuisine comme avant elle, la faisait sa mère, et auparavant sa grand'mère, et toute une lignée de ces Landaises qui ont su si bien tirer parti de la richesse de leur pays. Une cuisine qui est à la fois une mémoire des traditions conviviales, et une célébration joyeuse.

Ecoutez Maïté : "Pour bien faire la cuisine, il faut être gourmand". Sans doute, mais il faut aussi se souvenir que la cuisine c'est d'abord une histoire d'amour.

Thérèse Lizée

Responsable des Programmes
de FR3 Aquitaine
(1978-1985)

L'annonce faite par Maïté

En son jeune temps, Maïté Ordonez était annonciatrice à la SNCF. En gilet blanc et baudrier jaune, trompette de cuivre à la main, elle arpentait ces étroites bandes de fer parallèles qui sillonnent la campagne landaise, les voies ferrées, afin de prévenir les cheminots du ballast, de l'arrivée imminente, dans un bruit de foudre, du vrombissant express Morcenx - Rion-des-Landes ou du convoi de marchandises à petite vitesse Ygos - Saint-Saturnin - Saint-Paul-les-Dax.

Entre deux annonces de trompette, l'active Maïté mitonnait quelque ragoût secret dans un toupin de fonte sur un feu de bois de traverses à l'abri d'un talus et de délectables senteurs s'échappaient jusqu'à venir chatouiller les papilles du chef de gare voisin...

Le dimanche, jour de repos, Maïté cuisinait double : repas de fête pour l'équipe rionnaise de rugby, pour l'Amicale des pompiers, des chasseurs ou des boulistes. Le don était venu à Maïté de "savoir la cuisine", en regardant faire sa mère et sa grand-mère, dépositaires de tous les petits secrets des plats du pays gascon qui se mijotent lentement avec des sauces longues, au rythme de la vie paysanne.

La réussite est arrivée. Elle s'est arrêtée à Rion-des-Landes qui fut un lieu d'étape pour les pélerins de Saint-Jacques-de-Compostelle. Elle a posé son gilet blanc, son baudrier jaune et sa trompette de cuivre au "Relais Landais". C'est tout juste si elle ne continue pas à cuisiner dans des toupins de fonte sur un feu de bois de traverses. De délectables senteurs s'échappent toujours jusqu'à venir chatouiller les papilles du chef de gare voisin, des cheminots du ballast, des 2.512 Rionnaises et Rionnais, et de tous les Gascons d'alentours et d'au-delà. Elle avait rendez-vous avec la télévision ; cette équipe de FR3 Aquitaine de Micheline Banzet et de Patrice Bellot qui chaque mardi, déjà à cent reprises, a filmé la prêtresse gasconne Maïté et sa cuisine des Mousquetaires...

Alain Pujol

Recettes

10
Printemps
52
Eté
79
Automne
126
Hiver

Il faut se nourrir selon les saisons : vérité simpliste, mais généralement négligée. C'est cette vérité-là qui nous a guidés dans le classement des recettes. Le printemps vous préface délicieusement le bien-manger. L'été, c'est la belle saison de la cuisine avec les fenêtres ouvertes sur le jardin. L'automne a une odeur de champignons et de confitures. Enfin voici l'hiver, saison bénie des repas solides, saison des grands dîners, des bonnes soupes, des poissons et des crustacés, du gibier à poil et à plumes, autant de joyeux prétextes à nos traditionnelles réjouissances gastronomiques

L'alose farcie à l'oseille

Préparez la vagabonde. Engrossez-la avec des jeunes feuilles d'oseille, triées avec soin et dont vous avez quitté les côtes et les queues. Epicez ; un soupçon d'huile. Recousez le ventre de l'alose que vous allez déposer, toute farcie, sur sa feuille de papier aluminium. Emmaillotez la vagabonde. Cuisez-la sur les braises ou à four chaud, une demi-heure durant.

Servez la belle vagabonde farcie à l'oseille avec son autre garniture de feuilles d'oseille doucement fondues au beurre.

L'alose grillée sauce verte

Ecaillez cette vagabonde et incisez-la finement, après l'avoir vidée. Poudrez-la de sel et de poivre, à l'extérieur comme à l'intérieur.

Couchez-la, dévotement, sur le gril posé sur les braises, qu'elle s'y prélasse à petit feu, jusqu'à ce qu'elle soit de belle couleur. Retournez-la.

Vous avez préparé le hachis avec persil, cerfeuil, estragon, ciboulette, sel, poivre, muscade. Vous avez fait cuire les œufs durs que vous écraserez à la fourchette. Salez. Poivrez. Quand vous aurez tourné la vinaigrette, sans vous oublier la moutarde, renforcez-la avec les herbes et la purée d'œufs durs.

Vous pouvez même délayer le foie de l'alose dans votre vinaigrette, pour lui donner du lien. Servez chaleureusement...

Alose en filets marinés

Ne vous faites pas la confusion avec les filets de pêche pour attraper l'alose ! Non pas.... Ce sont bien les filets du poisson que vous allez vous mettre en composition gourmande.

Dans le plat creux, vous préparez l'assaisonnement bien relevé : persil coupé, trois gousses d'ail, les quatre épices en poudre, muscade, gingembre, cayenne et girofle, le demi-jus d'un citron, celui d'une moitié d'orange, thym et feuille de laurier, sel et poivre moulu. Arrosez au Vermouth ou, en région bordelaise, au Lillet blanc.

Nettoyez les filets de l'alose et retirez le plus d'arêtes possible. Mettez-les à la marinade une bonne heure.

Egouttez les filets. Posez-les sur le gril et, si possible, sur des braises de sarment de Cabernet, le cépage qui vous donne les meilleures braises.

Pendant la grillade, arrosez avec la marinade. Pile et face.

Escortez vos filets avec des ronds de citron. Peut-être du persil frit ?

Sûr, que ces trois recettes gourmandes d'alose vous mèneront vers l'apothéose. Plus loin encore, si vous les faites suivre d'un souple blanc de blancs ou d'un pimpant clairet, frais comme une jouvencelle...

Le bar farci en crépine

Entre deux averses déjà tièdes, voilà le printemps de mars. Pourquoi ne pas saluer sa venue en accommodant un excellentissime de mer, le bar ?

Le bar porte aussi le nom de loup ou celui de loubine. Son corsage tire sur le rouge. Les anciens Romains le payait des prix exagérés.

Pour cette table printanière, ramenez-vous donc du marché un de ces jolis bars, allant chercher dans les quatre livres. En guise de préliminaires, hachez un oignon, deux échalotes et une tranche de ventrèche, tout pareil comme si vous faisiez un hachis.

Mettez une belle tranche de pain de ménage à tremper dans du lait, après lui avoir ôté la croûte. Mélangez donc votre hachis avec le pain. Additionnez de thym, persil, ciboulette, oseille, bien ciselés. N'oubliez pas les champignons hachés. Liez avec les jaunes d'œufs. Salez. Poivrez.

Comme de bien entendu, vous avez écaillé le bar. Vous l'avez vidé. Remplissez-lui la panse de votre savoureux hachis.

Voilà ! Etalez votre crépine de porc. Couchez le bar dessus. Enfermez-le dans la crépine. Mettez cette momie maritime dans le grand plat qui s'en ira tranquillement au four, non sans avoir arrosé la momie de Sauternes.

---

un beau bar
lait
œufs
une belle tranche de pain de campagne
oignon
échalote
thym
laurier
persil
ciboulette
champignons
ventrèche
crépine de porc
sel, poivre
vin de Sauternes

Pendant la cuisson, ne vous laissez pas distraire. Soyez vigilante. Arrosez souvent.

Le temps de cuisson dépend de la grosseur du bar. Dans nos gasconnades landaises, il est question, parfois, de bars mesurant plus de deux mètres, pesant jusqu'à cinquante livres ! Hé bé...

Les cagouilles à la gasconne

Vous avez laissé jeûner vos escargots une grande huitaine avant de les préparer. Quand vous les aurez lavés à grande eau, mettez-les à dégorger dans une bassine avec de l'eau tiède, avec trois poignées de gros sel, un petit pichet de vinaigre et, si vous pouvez, une bonne poignée d'orties. La bave de l'escargot se dépose sur l'ortie et vous y gagnez aux interminables rinçages.

Pendant que ces aimables cagouilles dégorgent, préparez le hachis avec la ventrèche, le jambon, l'oignon, l'échalote, l'ail, le persil. Ni sel, ni poivre. Faites revenir votre hachis dans la cocotte et qu'il dore un petit peu.

La veille de cette grande opération culinaire, vous avez concocté un bon bouillon bien corsé, aux trois viandes : bœuf, veau, porc, et les légumes : poireaux, carottes, navet, bouquet garni, oignon piqué de clous de girofle. Le céleri n'est pas nécessaire.

A propos, vos escargots dégorgent bien, pendant leur carême, s'ils sont sur un lit de son ou de grains de riz concassé.

Les escargots, tout purifiés par le jeûne, vont cuire dans le bouillon, au moins une heure et demie. Peut-être vous pouvez ajouter un peu de fenouil au bouillon. Quand ils sont cuits, ils sortent

escargots	*persil*
orties	*poivre, sel*
piments forts	*graisse de canard*
ventrèche	*vin blanc mœlleux*
jambon de pays	*armagnac*
oignon	*thym*
échalote	*laurier*
ail	*bouillon*

facilement de leurs coquilles, si vous les tirez avec une grosse épingle.

Au hachis, vous ajoutez de la purée de tomates. Déposez les escargots sur le hachis, chacun dans sa coquille. Flambez-les à l'Armagnac. Recouvrez-les avec un vin blanc, mais du sec ; un qui ait de la finesse.

Incorporez du piment fort ; de préférence, ces piments d'Espelette, de chez les Basques, qui vous mettent le cramoisi aux joues.

Laissez mijoter trois-quarts d'heure. Ajoutez du bouillon, s'il faut.

Comptez deux douzaines de cagouilles par invité. Peut-être plus !

Le civet de cochon de lait

Préparez donc la marinade comme celle pour le cochon de lait rôti à la broche. Plongez-y les morceaux de cochon que vous avez coupés en gros cubes.

Laissez mariner vingt-quatre heures ou plus.

Le lendemain, ou le surlendemain, faites chauffer la graisse de canard dans sa cocotte préférée. Sortez les morceaux de la marinade. Epongez-les au linge fin. Départ pour la cocotte où ils vont se dorer de bon cœur.

Le moment est venu d'ajouter trois belles cuillerées de moutarde à l'estragon, ou de la fine de Dijon, ou encore une autre sorte si vous préférez... Mélangez. Versez la marinade. Couvrez et laissez à petits frissons, au moins une heure et demie.

Dans une autre casserole, faites fondre de la graisse de canard. Envoyez-y des carottes coupées en julienne, les petits oignons nouveaux et les girolles jolies. Plus le thym et le persil ; plus les tomates coupées en tout petits dés.

Laissez se faire la cuisson.

Attrapez la ventrèche pour en faire des petits bâtonnets qui seront mis à fondre dans la poêle, à petit feu.

---

un cochon de lait	*oignons nouveaux*
oignons	*girolles*
échalotes	*jambon*
ail	*ventrèche*
persil	*moutarde*
thym	*vin de Médoc*
laurier	*graisse de canard*
clous de girofle	*sel*
carottes	*poivre*
tomates	*pain de campagne*

Coupez la belle tranche de pain de campagne rassis. Frottez-lui sa croûte généreusement avec une gousse d'ail. Découpez le pain en petits cubes. Faites-les frire à la poêle dans la graisse du canard bien chaude.

Dressez le plat : viande au milieu, légumes, lardons et petits croûtons tout autour.

Passez la sauce ; si nécessaire, liez-la avec une cuillerée de crème. Nappez votre civet de cochon de lait. Attendez-vous à des manifestations de satisfaction générale !

Le cochon de lait farci

Voilà une innocente victime de la gourmandise que l'on tue de la même façon qu'on égorge son père, en le saignant. Comme disent les vieux formulaires de cuisine, en choisissant votre cochon de lait, vous devrez avoir soin de le prendre court, gras et jeune ; c'est-à-dire qu'il n'ait pris pour nourriture que le lait de sa mère.

Vous avez décidé de le préparer farci. Aussi, cinq jours avant de l'embrocher, faites macérer dans de l'huile, des herbes de nos dunes gasconnes : le thym, le serpolet, que vous passerez, mélangées, au moulin à café pour les hacher tout fin. Les herbes sauvages ont des senteurs divines. N'oubliez ni le sel ni le poivre.

Le jour choisi pour la cuisine de ce cochon de lait, préparez une abondante farce avec de la viande de veau, de porc, de la ventrèche, du jambon de pays, les échalotes, les épices. Passez le tout au hachoir. Arrosez d'Armagnac.

Malaxez la farce à la main et modifiez l'assaisonnement si besoin. Embrochez le porcelet par le fondement, en faisant sortir la broche par le grouin. Liez-lui les pattes après la broche.

Badigeonnez-lui tout l'intérieur avec la marinade d'herbes sauvages. Salez et poivrez. Garnissez son ventre avec la farce. Cousez serré.

Extérieurement, vous badigeonnez tout le corps du cochon de lait avec la marinade. Epicez sur cette peau rose bien enduite. Placez dans la

---

un cochon de lait
Armagnac
jambon de pays
ventrèche
oignon
ail
échalote
une tranche de veau

herbes des dunes d'Aquitaine
serpolet sauvage
thym
sel
poivre
morceaux de viande de porc

---

cheminée. Il faudra bien dans les deux heures pour que la peau devienne d'un beau jaune.

En campagne, nous avions un truc pour arroser le cochon de lait. On faisait rougir le bout des pincettes ; on attrapait un morceau de lard gras avec ces mêmes pincettes que l'on avait eu soin de couvrir de chaque côté avec un morceau de papier d'argent pour que le lard ne se trouve pas en contact immédiat avec le fer rouge. On promenait le lard fondant au-dessus du cochon pour l'arroser.

Sa peau devenait plus craquante. C'était le vrai bonheur !

Le coq au vin

Vous reconnaîtrez le bon coq à sa taille, qui doit être moyenne, cependant plus grande que petite, de plumage noir, ou d'un rouge obscur, ayant de gros pieds garnis d'ongles et d'ergots, les cuisses longues, grosses et fournies de plumes, la poitrine large, le cou élevé et garni de plumes de diverses couleurs.

Vous jugerez encore d'un bon coq, lorsqu'il aura le bec court et gros, les yeux noirs ou bleus, les oreilles blanches, larges et grandes, les barbes rouges, pendantes et longues, la queue à deux rangs, recourbée et élevée au-dessus de la tête... Les coqs amoureux sont les meilleurs.

Procurez vous un beau coq glorieux et découpez-le. Ne vous laissez pas refiler un vieux mâle aux muscles durcis et aux tendons éprouvés.

Faites chauffer la traditionnelle graisse de canard dans la non moins traditionnelle cocotte et faites-y revenir les morceaux de votre Chantecler. En principe, vous en aurez fait six morceaux.

Faites revenir à petit feu un hachis avec jambon de pays, échalotes, oignons, ail ; votre jambon taillé en forme de dés à jouer. La cocotte étant recouverte, laissez passer une petite demi-heure.

Répandez une bonne bouteille de Bordeaux rouge dans une casserole. Le vin étant porté à ébullition, flambez-le.

Prenez ensuite un doigt de vieil Armagnac que vous ferez chauffer dans une petite casserole, avant de le verser dans la cocotte.

---

un beau coq	*oignon*
graisse de canard	*échalotes, ail*
ventrèche	*vin rouge corsé*
carottes	*Armagnac*

Flambez. Ajoutez le vin de Bordeaux rouge. Remettez le couvercle et tenez la cocotte à feu actif.

Retirez les morceaux de la volaille et réservez-les au chaud. Ajoutez de la carotte râpée. Laissez encore mijoter.

Si nécessaire, ajouter une liaison avec un peu de fine fleur de farine délayée dans un petit peu d'eau.

Vous arroserez le bon coq avec cette sauce et vous conformerez à cette haute tradition gastronomique qui veut que ce soit le vin employé à l'exécution de la sauce qui, convenablement chambré, soit servi avec ce plat mémorable.

Le coquelet au Sauternes

Jus de gemmes puisé dans le cœur des agates,
Douce lymphe d'orgueil fleurante d'aromates
Où le soleil s'infuse en sirop d'ambroisie,
Quintessence ravie aux vieillesses des grappes,
Je te salue, ô vin dont rêvait Esculape,
Sauternes ! Don doré, délice, poésie...

Quand vous aurez fini la récitation, coupez un petit coq tout le long du dos. Epicez-le dedans comme au dehors.

Faites-le revenir et prendre la couleur or du vin de Sauternes, dans sa cocotte où la graisse de canard fait des bulles brillantes. Sortez-le. Réservez.

Coupez les légumes en tout petits cubes. Laissez-les couler au fond de la cocotte et posez le coquelet sur ce tapis légumier.

Flambez deux grands verres de Sauternes que vous verserez sur le coquelet. Laissez mijoter la bestiole, à feu petit, une demi-heure.

Dressez le coquelet, pour servir, sur son lit de petits cubes de légumes.

Buvez un coup de ce Sauternes, doré, délicieux, poétique...

---

2 grands verres de sauternes	*tomates*
céleri	*sel, poivre*
navets	*ail*
persil	*carottes*
oignon	*le coquelet*
	graisse de canard

Coquilles Saint-Jacques comme chez Maïté

Otez le couvercle des coquilles Saint-Jacques, en prenant bien soin d'épargner la noix. Prélevez l'intérieur et nettoyez-le en supprimant la partie noire et la partie gluante, et ne conservez que la noix, le rouge et la partie frisée des bords.

Otez le couvercle de la cocotte. Une fois la graisse de canard fondue, faites sauter les Saint-Jacques, sans les dorer, et retirez-les.

Mettez les échalotes dans la cocotte. Elles vont fondre, dorer légèrement, ajoutez votre vin blanc sec. Laissez tranquillement réduire un quart d'heure.

Chauffez les coquilles que vous flamberez à l'Armagnac porté à ébullition.

Ajoutez les échalotes et la réduction de vin. Epices. Deux cuillerées à café de persil haché. Laissez cuire à tout petit feu une dizaine de minutes.

Si vous désirez plus de raffinement, vous aurez ôté la partie frisée de la coquille avant de vous mettre en branle. Avant, on appelait cette partie, la barbe. Vous l'aurez hachée très fin, étuvée pendant quatre ou cinq minutes, et ajouterez à votre barbe hachée la même masse de mie de pain passée au tamis, et vous en aurez fait l'amalgame. Une cuillerée de ciboulette n'a jamais fait de mal à personne !

coquilles Saint-Jacques
graisse de canard
sel, poivre
trois échalotes hachées fin
persil haché
armagnac
10 centilitres de vin blanc sec

Les coquilles Saint Jacques le mineur en papillotes et à l'oseille

Un truc pour ouvrir à l'aise les coquilles de Saint Jacques le mineur : posez-les sur le coin du fourneau. Dès qu'elles commencent à bâiller, retirez-les.

Mettez la chair de la coquille à mariner, dans un plat creux, avec un petit verre d'Armagnac, la ventrèche coupée fin, le laurier, le sel et le poivre. Laissez dans la marinade un certain temps.

Découpez des feuilles de papier d'aluminium de vingt-cinq centimètres de côté.

Sur chaque feuille d'alu, déposez deux feuilles d'oseille, coupées en fines lanières, avec des petits dés de tomates et les épices.

Retirez les coquilles de la marinade. Epongez au linge fin. Posez sur les dés de tomates.

Ajoutez quelques lardons. Recouvrez d'oseille ciselée.

Une cuillerée de crème fraîche avant de fermer la papillote.

Faites cuire, à four chaud, de six à dix minutes.

Les coquilles s'harmonisent bien avec des pâtes fraîches.

Les coquilles de Saint Jacques le Majeur sont simplement un peu plus grosses. La préparation est la même.

coquilles Saint Jacques	*crème fraîche*
tomates	*Armagnac*
feuilles d'oseille	*laurier*
beurre	*papier d'aluminium*
ventrèche	*sel, poivre*

La darne de saumon à l'oseille en papillotes

Quand vous coupez une tranche d'un gros poisson, comme le saumon ou l'alose, vous avez une darne.

Prenez du papier d'aluminium et des ciseaux. Découpez une grande rondelle pour y enfermer une darne de saumon.

Avec une tomate, faites de tout petits dés.

Coupez deux feuilles d'oseille, au ciseau, en lanières, et aussi quelques feuilles de menthe.

Faites fondre un petit peu de beurre et badigeonnez, au pinceau, votre grande rondelle d'alu.

Sur cette rondelle, déposez délicatement les petits dés de tomate, la darne de saumon, les lanières d'oseille et de feuilles de menthe.

Salez. Poivrez. Ajoutez la cuillerée de crème fraîche.

Fermez la grande rondelle avec de la précaution.

Mettez-la dix minutes, à four chaud.

Vous faites cette opération autant de fois que vous aurez de monde à table. Un invité, une darne en papillotte...

Servez la papillote hermétiquement close. Chacun se l'ouvrira.

Accompagnez la darne avec des pâtes fraîches.

---

une darne de saumon
tomates fermes
oseille
2 feuilles de menthe
beurre
nouilles fraîches
sel, poivre
crème fraîche

Les escalopes de saumon à la purée de cèpes

Un beau saumon de l'Adour, ou même d'ailleurs, à la chair nacrée, comme la peau d'une fille, rosée, et des écailles argentées.

Préparez son bouillon. Dans l'eau froide, des os de porc, de bœuf, et de la couenne du cochon. Ecumez au fur et à mesure que ça chauffe. Complétez avec des carottes, l'oignon piqué de clous de girofle, le poireau, l'échalote, le soupçon d'ail, les épices et le bouquet garni. A cuire pendant deux heures.

Opérez le saumon, sous la tête, au ras des nageoires, en glissant un fin couteau le long de l'arête centrale pour lever le filet.

Coupez ce filet en deux et, maintenant, taillez des escalopes dans ces deux parties du filet.

Faites revenir vos escalopes à la poêle, dans de l'huile. Salez et poivrez. Pas plus de deux minutes pour chacun des côtés. Gardez au chaud, à four tout doux.

La purée de cèpes :

Faites revenir des échalotes coupées fin à la poêle, dans de la graisse de canard. A leur tour, les cèpes. Epicez-les. Laisser cuire. Allez-y pour un peu de persil haché. Passez cette purée de champignons odorants à la moulinette.

---

un saumon	*os de bœuf*
Madère	*os et couenne de porc*
Sauternes	*carottes*
cèpes	*poireau*
échalotes	*oignon*
sel	*clous de girofle*
poivre	*persil*
pour le bouillon :	*thym*
os de veau	*laurier*

La sauce :

Pelez de gros raisins blancs. Epépinez-les. Ils vont mariner dans du vin de Sauternes, additionné d'un verre de bon Armagnac.

Dans une petite casserole, versez deux louches de bouillon et un verre de marinade. Laissez réduire de moitié. Ajoutez les raisins. Un frémissement de deux minutes.

A la présentation, chaque escalope sera tartinée de purée de cèpes, et la purée, coiffée d'une seconde escalope. Comme un sandwich. La sauce aux grains de raisins blancs vous accompagne les escalopes de saumon à la purée de cèpes.

La garbure de poissons en croûte

Pour commencer, préparez un fumet de poissons qui sera un véritable bienfait pour votre garbure poissonneuse. Dans la casserole où vous ferez réduire vos poissons, vous n'avez pas oublié les parures, oignon émincé, carotte, quelques branches de persil, trois blancs de poireau émincés, la brindille de thym, le demi-litre de vin blanc sec que vous ferez bouillir une vingtaine de minutes.

Confectionnez une Julienne avec les carottes, navets, céleri rave et les champignons.

Dans un peu de beurre fondu, jetez votre Julienne, additionnée de quelques haricots verts. Laissez vos légumes s'affaisser à petit feu.

Maintenant, ajoutez des petits tronçons de lotte, une escalope fine de saumon, un filet de truite et deux coquilles Saint-Jacques. Arrosez avec votre fumet qui rendra aux chairs des poissons tout l'arôme perdu dans les eaux de cuisson. Un petit verre de Madère. Et laissez cuire, juste un peu.

Sortez les poissons, les coquilles Saint-Jacques et les légumes.

Dans une terrine, placez les légumes. Recouvrez-les avec les poissons et les Saint-Jacques. Faites baigner dans l'eau de cuisson.

Battez à la fourchette, dans un peu d'eau, un jaune d'œuf et, à l'aide d'un pinceau, badigeonnez les bords de la terrine de ce mélange.

---

saumon	*navet*
truite	*céleri rave*
coquilles Saint-Jacques	*haricots verts*
fumet de poisson	*champignons*
poireau, carotte	*Madère*

Découpez un couvercle dans une pâte feuilletée et collez-le aux bords de la terrine. Le jaune d'œuf fera l'adhésion.

Vite, au four chaud, de quinze à vingt minutes, pour que la pâte feuilletée soit bien cuite, dorée, croustillante.

Servez, sans plus attendre, la garbure de poissons en croûte.

La lamproie à la bordelaise

Au printemps, la lamproie remonte la Garonne. C'est à ce moment que sa chair est la plus fine. La lamproie n'a pas d'arêtes, mais un nerf central, une "corde", qu'il faut enlever car il donne de l'amertume.

C'est un bien étrange poisson cyclostome, d'un nom barbare qui signifie "bouche en cercle". La lamproie n'a pas de bouche à mâchoires, comme les poissons, mais une bouche qui se termine du côté de la tête, et un peu en dessous, par une grande ouverture ronde en entonnoir. Cet entonnoir, c'est la bouche en cercle !

Il vous faut absolument une lamproie vivante que vous attachez, sérieusement, par la tête avant de la suspendre. Mettez en-dessous un saladier contenant un demi-verre de Bordeaux rouge. Saignez l'animal au ventre par une forte incision à quelque centimètres de la queue et recueillez le sang. Le vin rouge l'empêchera de cailler. Laissez saigner plusieurs heures.

Trempez rapidement la lamproie dans une bassine d'eau bouillante en la tenant par la ficelle qui a servi à la suspendre et retirez-la aussitôt. Râtissez-la ensuite avec le dos d'un couteau, vite, vite, d'un bout à l'autre, pour enlever la "colle" qui la recouvre et ne vient plus quand la lamproie est froide. Essuyez soigneusement. Coupez la queue à

une belle lamproie vivante
oignons
ail
2 ou 3 poireaux (selon grosseur de la lamproie)
thym
laurier
persil
sel, poivre
graisse de canard
huile d'olive
vin rouge (environ un litre de vin corsé)
1 ou 2 cuillerées de farine
eau
2 morceaux de sucre
crème fraîche

son extrémité ainsi que la tête et jetez ces morceaux. Videz son ventre. Sectionnez en morceaux de 4 à 5 centimètres.

Jetez des oignons en lamelles dans la graisse de canard. Laissez blondir à feu doux. Ajoutez une cuillerée de farine. Laissez roussir. Salez. Poivrez.

Dans une autre casserole, versez de l'huile d'olives et jetez des poireaux coupés à la même dimension que les morceaux de lamproie. Faire dorer à tout petit feu. Les poireaux ne doivent pas noircir. Salez. Poivrez.

Faites bouillir, par ailleurs, un litre de bon vin rouge. Flambez-le et versez-le sur les oignons. Ajoutez les poireaux fondus, quelques gousses d'ail. N'oubliez pas le thym, le persil et le laurier. Le mijotement doit se faire, à feu tout doux, pendant deux heures.

Mettez les morceaux de lamproie crus. L'addition d'un ou deux morceaux de sucre est recommandable. Couvrez la cocotte et laissez encore mijoter dans les trois-quarts d'heure.

Additionnez d'un peu de votre sauce le sang qui est resté dans le saladier du sacrifice. Touillez bien avant de verser la mixture dans la cocotte. Deux cuillerées de crème fraîche. Recouvrez. Laissez un instant avant de servir.

Naturellement, vous avez préparé quelques croûtons avec de la mie de pain rassis dorée au beurre. La lamproie se trouve dans un plat creux, entourée de ses croûtons. Les assiettes des convives sont chaudes. Honorez-les...

C'est là un plat spécifiquement bordelais, un plat traditionnel du printemps. Au Moyen-Age, il se préparait déjà comme ça !

Lapin aux girolles et au Sauternes

Faites revenir vos girolles en forme de trompette sans les couper, dans la graisse du canard. Dans son chapeau, la girolle est de chair tendre et croquante. Ajoutez la persillade.

Coupez-vous le lapin, sauvage ou apprivoisé. Faites revenir ses morceaux en compagnie d'échalotes et de tomates, coupées aussi en morceaux. Laissez-les une dizaine de minutes.

Attrapez une bouteille de Sauternes. Du bon, de celui dont le poète a dit que c'était : "Un rayon de soleil concentré dans un verre". Justement, remplissez un verre de ce Sauternes ensoleillé, flambez-le et arrosez votre lapin.

C'est au tour des girolles d'aller rejoindre le lapin et de mijoter, de concert, dix minutes durant.

Hachez le foie avec du persil. Liez la sauce. Envoyez !

Maintenant que vous avez ouvert la bouteille de Sauternes, videz-la en vous souvenant que ce vin met la vie à l'échelle du rêve !

---

lapin — *échalotes*
girolles — *tomates*
Sauternes — *sel*
ail — *poivre*
persil — *graisse de canard*

Le lapin comme à Rion des Landes

Quand votre lapin de garenne est dépouillé et vidé, vous le coupez en morceaux de la même grosseur, pour que les uns ne soient pas plus durs à cuire que les autres. Vous mettez de la graisse de canard dans la cocotte, plus les morceaux du jeannot. Ils reviennent et prennent couleur. Allez-y pour les lamelles d'oignon, les deux tomates coupées en quatre, le thym et le serpolet.

De son vivant, le lapin de garenne se roule dans le pré, gambade et ne choisit que les herbes parfumées, dont justement le thym et le serpolet, aussi la menthe sauvage.

Epicez l'intérieur de cette cocotte où ça mijote.

Chauffez un vin blanc sec, bouqueté et nerveux. Flambez-le et versez dans la cocotte. Recouvrez. A petits frissons de cuisson une heure environ.

Ce temps écoulé, hachez menu une gousse d'ail, attrapez votre poignée de pignons, et mettez le tout dans la cocotte. Saupoudrez d'un hachis de persil. Recouvrez. Laissez prendre goût, à tout petit feu, une dizaine de minutes.

---

un lapin de Garenne	*thym*
vin blanc sec	*ail*
riz	*poivrons*
persil	*pignons*
tomates	*farine*
oignons	*sel, poivre*
serpolet	*graisse de canard*

Le lapin sauvage farci

Il existe deux sortes de lapins : le domestique et le sauvage, que l'on appelle lapin de garenne. Celui-ci est d'un meilleur parfum, surtout quand il vit dans les endroits où poussent du genièvre, du serpolet, du thym, et autres plantes aromatiques. Le domestique a la chair assez bonne, mais il faut éviter de lui forcer sa pitance en choux.

Que vous ayez un domestique ou un garenne, préparez la marinade.

Ecorchez ce rongeur. Videz-le. Salez et poivrez-le tout partout, avant de le mettre à la marinade pendant au moins vingt-quatre heures, en le retournant de temps à autre.

Pour la farce, hachez le foie, la ventrèche, le persil, l'ail et l'oignon.

Faites revenir des cèpes dans de l'huile ou de la graisse de canard, assaisonnez et incorporez à la farce.

Un peu de graisse de canard dans la poêle, chaude ; la farce va y revenir jusqu'à changer de couleur au bout de cinq minutes.

L'Armagnac brûlant, flambé, arrosera, benoîtement, cette farce.

Le lapin est retiré de la marinade où il coulait du bon temps. Essuyez-le. Emplissez-lui sa panse de farce. Emmaillotez la bête dans la crépine.

Passez la marinade au chinois. Versez le résultat dans une cocotte. Placez-y le lapin. Couvrez-le. Une petite heure et demie de cuisson, tout doucement.

---

un lapin	*oignon*
ventrèche	*ail*
une crépinette de porc	*sel, poivre*
carottes	*vin rouge*
laurier	*graisse de canard*
thym	*cèpes*
serpolet	*Armagnac*

Avant de servir, n'oubliez pas d'enlever la crépine. Arrosez ce gibier, sauvage ou domestique, avec le jus de cuisson réduit, réduit...

Autrefois, les vieilles de chez nous ne jetaient pas les oreilles du lapin. Elles les détachaient de la tête, les passaient à l'eau bouillante pour enlever tout ce qui restait de poils, et les attachaient à un morceau délicat. Rien n'était bon comme ces oreilles de Jeannot-Lapin !

Le poulet aux écrevisses

C'est une manière de mariage entre une volaille de basse-cour et un crustacé d'eau douce de chez nous.

Pour commencer, vous mettez ce poulet à chair jaune à la broche et le laissez tourner devant les braises une heure durant. Vous pouvez l'arroser, en fin de cuisson, avec le gras de jambon placé dans le cornet du capucin chauffé à blanc.

Dans la cocotte avec la graisse de canard chaude, versez les carottes, coupées en julienne, les lamelles d'oignon, les échalotes coupées fin, les champignons de Paris en lamelles, la branche de persil et la brindille de thym, la feuille de laurier, le sel et le poivre. Et vous laissez revenir.

Flambez un frontignan de vin blanc que vous videz dans la cocotte.

Mettez les écrevisses et cuisez-les, à couvert, une demi-heure.

Vous retirez la moitié de ces écrevisses à l'écumoire et vous les flambez à l'Armagnac. Passez au chinois. Ecrasez au pilon. Remettez ce jus passé dans la cocotte. Un petit mijotement d'une dizaine de minutes.

Découpez le poulet rôti. Présentez-le sur son plat avec l'escorte des écrevisses entières demeurées dans la cocotte.

---

un poulet de 1kg600 au moins
1/2 litre de vin blanc
un verre d'Armagnac
2 oignons
2 échalotes
thym
laurier
persil
2 carottes
250 g de champignons de Paris
sel
poivre
200 g de crème fraîche
graisse de canard

Passez votre sauce au chinois. Pressez les légumes au pilon pour leur extraire tous les sucs légumiers.

Remettez dans une casserole et faites la liaison avec la crème fraîche. Laissez réduire jusqu'à bonne consistance. Sortez votre saucière des grands jours.

On dit partout qu'il n'y a plus d'écrevisses ! Pourtant, il y a des ruisseaux où elles retournent ; de celles à pattes rouges, qu'on attrape à la balance avec une tête de mouton dedans. Peut être que c'est plus permis ?

La purée d'orties et ses escargots

Une bonne combine pour faire sortir les escargots de leurs coquilles et bien les nettoyer, vous mettez une bonne poignée de cendre dans un chaudron avec de l'eau de rivière. Quand elle commence à bouillir, jetez-y les escargots pour les laisser un quart d'heure. Lorsqu'ils se tirent avec aisance de leur coquille, vous les retirez dans de l'eau tiède pour les nettoyer ; ensuite, vous les remettez encore dans une eau claire, pour les faire bouillir un instant ; vous les faites égoutter...

Vous voilà débarrassés de la corvée de nettoyage des cagouilles... Préparez-leur un bon court-bouillon : dans de l'eau salée et poivrée, placez un os de jambon, poireaux, carottes, thym, laurier, la branche de céleri, les brins de persil, l'oignon piqué de clous de girofle, le petit peu d'ail, le piment fort, la feuille de laurier, du basilic et le petit verre de porto.

Les escargots vont se cuire dans ce court-bouillon deux grandes heures.

Pour vous préparer la purée d'orties, regardez la recette de cette purée.

---

escargots	*citrons*
Armagnac	*sel*
vin blanc	*poivre*
Porto	*un os de jambon*
vinaigre	*crème fraîche*
carotte	*beurre*
poireau	*thym*
orties sauvages	*laurier*
poivrons	*céleri en branche*
girolles	*clou de girofle*
tomates	*ail*
persil	*un piment fort*
échalote	*oignon*

La purée d'orties de Maïté

Vous voici en arrêt devant ces plantes "chatouillantes" ! Ne vous laissez pas effrayer par leur aspect rugueux, car elles ont le cœur tendre. Demandez plutôt aux abeilles qui sont gourmandes au possible des jolies fleurs blanches qu'elles portent le long de leurs tiges et où elles viennent récolter le suc que ces fleurs renferment en quantité. Maintenant que vous voilà mieux disposés, remarquez l'élégance de l'ortie. Comme ses fleurettes sont bien disposées, entourées de jeunes feuilles d'un vert éclatant. Regardez comme ces orties portent haut leurs aigrettes...

Ramassez une brassée de ces sauvagesses, cueillies bien fraîches au bord de la route.

Détachez avec du soin la petite pousse nouvelle, en tête de l'ortie.

Jetez vos sauvagesses dans de l'eau bouillante, salée, pour les blanchir. Sortez-les presque aussitôt et passez-les au hachoir.

Hachez fin des échalotes. Jetez-les dans la poêle où il y a du vin blanc sec. Laissez réduire.

Maintenant, ajoutez de la crème fraîche, une noix de beurre. Au tour des orties. Poivrez. Réservez au chaud.

Si vous aviez la bonne idée d'accompagner d'un plat d'escargots cette bonne purée, vous ne diriez plus jamais de médisances sur ces rugueuses plantes qui sont si tendres du dedans !

---

orties
échalotes
vin blanc
crème fraîche
beurre
sel, poivre

Le ragoût de petites asperges vertes

La petite asperge verte vous a plus de saveur que la grosse asperge blanche ou même la violette.

Faites revenir de la ventrèche à la poêle et, une fois fondue, ajoutez les petits oignons, tout doucettement.

Alors, vous allez cuire une botte de ces plantes délicates dans un bouillon. Quand elles auront pris de la souplesse, vous les retirerez pour les égoutter et les mettrez à la poêle, dans leur longueur. Un petit peu plus de bouillon. Vous les laisserez mincir jusqu'a la consistance que vous leur souhaitez.

Si vous voulez que vos petites asperges gardent leur jolie couleur verte, il faut les faire cuire à forte ébullition.

Vos asperges doivent rester croquantes et servies toutes chaudes.

---

petites asperges vertes
petits oignons nouveaux
une tranche de ventrèche
un bon bouillon fait avec légumes et viande

Le saumon à la gasconne

Si vous avez décidé de servir un saumon tout entier, vous allez vous y prendre comme il faut !

Vous lui retirez d'abord les ouïes, parce qu'un saumon, même gascon, ça se vide par les ouïes, sans lui ouvrir le ventre. Vous lui couperez ses nageoires et le bout de sa queue. Vous le lavez à plusieurs eaux et vous l'égouttez.

Ce saumon n'attend plus que d'être couché avec délicatesse sur le gril, posé sur les braises, comme une jeune mariée est déposée sur le lit des noces par son époux attentionné. Vous l'arroserez fréquemment avec du beurre. La comparaison avec la jeune mariée ne va pas jusque-là !

Préparez-lui une jolie farce avec le hachis de jambon, d'échalotes, d'ail et de persil.

Faites-lui aussi une sauce béchamel et vous allez marier cette sauce avec le hachis.

Vos champignons de Paris vont être remplis de cette farce que vous saupoudrerez de chapelure avant de les faire gratiner au four très chaud.

Vous allez déposer votre saumon entier sur le plat de réception où il sera entouré par tous les champignons d'honneur farcis.

Demandez à un des invités de remonter le phonographe et d'y mettre le disque 78 tours qui s'appelle "La Truite" de Schubert. Ça vous fait un accompagnement avec beaucoup d'effet !

---

un saumon entier
de beaux champignons de Paris, dits "à farcir"
une tranche de jambon de Pays épaisse
2 ou 3 échalotes
2 ou 3 gousses d'ail
persil
farine
lait, beurre
chapelure
sel, poivre

Le saumon au vin de champagne

Choisissez le saumon frais et rose qui convient. Toujours dans la graisse de canard, faites revenir oignon, échalotes et gousses d'ail, hachés fin. Ajoutez thym, laurier, estragon, tomates pelées et coupées en dés. Epicez. Laissez mijoter.

Sur un fond de légumes, dans un plat allant au four, déposez le beau poisson, salé et poivré sur ses deux côtés ainsi que dans son intérieur.

Mouillez le saumon au vin de Champagne, fin, élégant.

Laissez la bête cuire dans son vin pétillant, à four chaud, une demi-heure.

Du beurre fond dans la casserole. Vous lui ajoutez de la farine et laissez mousser un peu. A petites doses, vous allez verser du jus champagnisé de cuisson du poisson, passé au chinois, en écrasant bien tous les légumes.

Goûtez. Arrangez l'assaisonnement.

Au dernier moment, vous lierez la sauce avec de la crème fraîche.

Le vin de Champagne stimule, exalte, la cuisson du seigneur de l'Adour et des gaves.

---

un saumon frais
un bel oignon
2 échalotes
2 gousses d'ail
thym, laurier, persil, estragon
sel, poivre
une bouteille de champagne demi-sec
3 ou 4 tomates (selon grosseur)
env. 30 gr de beurre
env. une cuiller à soupe de farine
2 ou 3 cuillerées de crème fraîche

Le saumon du gave au vin rouge

Si vous aviez la chance d'avoir un saumon pêché dans la violente fraîcheur d'un gave, au tomber d'une chute scintillante, ça serait la solution parfaite ! C'est pas toujours le cas. Mais si votre saumon a l'œil bien frais, l'ouïe bien rouge, et que, de plus, il soit ferme à votre toucher, faites-lui confiance...

D'abord, l'oignon coupé fin dore dans du beurre. Après couleur, vous lui ajoutez les champignons parisiens, coupés en lamelles. Laissez un petit peu étuver.

Chauffez du bon vin rouge et flambez-le.

Alignez des tranches de votre saumon dans la cocotte, sur le réduit de champignons et d'oignon. Noyez-le dans le vin.

Vous ne manquez pas d'ajouter la brindille de thym, la feuille de laurier, le sel et le poivre.

Selon la grosseur du saumon, vous laissez cuire doucement de quinze à vingt minutes.

Otez la bête tranchée et réservez au chaud.

Passez le jus de cuisson. Goûtez. Laissez réduire en casserole si besoin. Au dernier moment, vous ferez la liaison avec du beurre manié de farine.

Si vraiment vous avez un saumon de taille, vous pouvez le cuire à la poissonnière, après avoir préparé assez d'oignons et de champignons, et flambé assez de vin pour le recouvrir.

Tout de même, si vous aviez la chance d'avoir un de ces saumons d'argent vif qui sautent dans les remous d'écume d'un gave pyrénéen !

---

saumon	*un bon vin rouge*
oignons	*thym, laurier, persil*
champignons de Paris	*beurre*
sel, poivre	*farine*

La soupe aux écrevisses ou soupe d'Athos

Comment s'en vont les écrevisses, à re-cu-lons...

Préparez le fumet de poissons à chair blanche (sole, limande, turbot, brochet) avec leurs parures...

Faites chauffer l'huile et mettez-y carottes, oignons, échalotes, poivre de Cayenne, thym, deux feuilles de laurier, sel et poivre moulu. Laissez doucement fondre.

Prenez vingt-quatre écrevisses bien jolies. Faites-les cuire à l'huile jusqu'à ce qu'elles deviennent cardinalisées, bien rouges. Flambez-les à l'armagnac. Arrosez-les d'un verre de Sauternes.

Otez les écrevisses. Détachez les têtes que vous mettez dans la casserole aux légumes. Réservez les corps de ces écrevisses.

Versez la réduction d'armagnac et de Sauternes dans la casserole. Au tour du fumet de poissons. Goûtez voir. Ça va mijoter une demi-heure ou plus.

Passez la soupe. A Rion des Landes, on ne parle pas de soupe aux écrevisses. On dit la soupe d'Athos.

Pilez les légumes et les têtes d'écrevisses dans le mortier. Ajoutez la crème fraîche. Replacez sur le feu et laissez faire le bouillonnement.

Servez, en rajoutant les écrevisses décortiquées et saupoudrez avec du persil haché.

---

une vingtaine de jolies écrevisses
un grand verre de vin de Sauternes
un petit verre d'Armagnac
huile
thym
laurier
4 ou 5 grains de poivre
oignon
échalotes
carottes
sel
poivre
un peu de poivre de Cayenne
fumet de poisson
crème fraîche

La soupe aux fanes de radis

Le radis, voyez-vous, se distingue de la rave par sa racine. Sa forme se rapprocherait davantage de celle du navet, ainsi que ses feuilles, quoique d'un vert plus clair. Mais vous comptez davantage de variétés de radis que de raves ou de navets ! Petit radis blanc hâtif, petit radis rouge, petit radis long, petit radis gris, petits et gros radis noirs, gros radis noir et blanc, petit radis saumoné... Dans un capitulaire de Charlemagne, dans lequel sont énumérées les plantes utiles que l'empereur à la barbe fleurie voulait voir cultiver dans ses domaines, on voit figurer, à côté de l'échalote, de l'ail et du poireau, le radis blanc. Saint-Louis ne rendait jamais la justice sous son chêne qu'il n'eût, au préalable, croqué quelques radis noirs...

Vous vous rendez au proche marché, joyeux, brillant, multicolore, et vous y faites emplette de trois belles bottes de radis.

Votre bouillon aux trois viandes rituelles, bien corsé, avec son cortège de légumes, est fin prêt pour votre retour.

Vous sculptez de petits cubes de pommes de terre.

Vous effeuillez vos trois bottes de radis que vous mettez au bouillon avec les petits cubes sculptés pour une durée de quinze minutes, à feu assez moyen. Jouez de la moulinette. Versez le tout dans une casserole émaillée.

Joignez-y un peu de crème fraîche, et, ô luxe suprême, un peu de votre purée d'orties.

---

3 bottes de radis
pommes de terre
bouquet garni
bouillon aux trois viandes (veau, bœuf, cochon)

La soupe de poissons de l'océan à la rionnaise

Dans la poêle, chauffez un peu d'huile d'olive. Vous y faites revenir le bel oignon émincé. Vous y ajoutez le hachis d'échalotes, le thym et le laurier. Vous enjolivez avec une lampée de Sauternes. Remuez pour déglacer la poêle.

Versez dans une grande cocotte où l'eau a été portée à ébullition.

Agrémentez d'un oignon piqueté de clous de girofle, de deux tomates coupées en morceaux, de ciboulette taillée en bâtonnets. Couvrez. Laissez faire l'ébouillantement.

Toujours dans la poêle, rajoutez de l'huile d'olive et faites revenir les parures de poissons. Salez. Poivrez davantage. Dorez. Déglacez avec une autre lampée de Sauternes et versez dans la cocotte. Couvrez. Laissez se faire la cuisson.

Recommencez l'opération avec tous vos poissons. Faites-les revenir, prendre couleur. Epicez-les. Déglacez au Sauternes et versez le tout dans la cocotte. Vos poissons peuvent être coupés en morceaux.

Sur toute la rive gauche de la Garonne, vous trouvez des grands vins blancs. L'obligation n'est

---

huile d'olive	*poissons divers :*
sauternes	*lotte*
oignon	*griset*
échalote	*mulet*
ail	*grondin*
ciboulette	*congre*
tomates	*crabes vivants*
estragon, laurier	*sel*
parures de poissons	*poivre*

pas faite, à chaque fois, pour votre cuisine gourmande, d'employer du Sauternes. Il existe des autres variétés de vins blancs renommés, comme le Cérons, le Podensac, le Sainte-Croix-du-Mont, le Loupiac...

Quand tous les poissons auront pris belle couleur et qu'ils mijoteront dans la cocotte, comme dans une lagune, préparez les crabes.

C'est encore une cruauté de les couper vivants. Gardez avec grand soin le jus de mer qui s'écoule. Faites-les revenir dans la poêle, tout pareil comme les poissons. N'oubliez pas de leur donner un peu de ce si bon vin blanc liquoreux, mœlleux, qui ensoleille la cocotte. Laissez-les nager dans le bonheur pendant une heure.

Retirez les crabes et les poissons. Passez le tout au chinois et faites une purée. Quittez-vous les arêtes. Ça vaut mieux pour les gosiers affamés !

Dans cette soupe des poissons de l'Océan, vous allez faire cuire les jolis poissons que vous aurez mis de côté : de la lotte, du grondin, du mule, de la loubine, des grisets. Ceux-là vous les présenterez tout entiers dans la soupe. Suivant qu'ils seront plus ou moins gros, la cuisson sera de cinq à dix minutes. N'oubliez pas les petits croûtons, frottés à l'ail, et dorés à l'huile.

Goûtez pour l'assaisonnement terminal. Servez tout chaud.

Plus vous avez de variétés de poissons de l'Océan, moins ça nuit à cette soupe océanique comme on la fait à Rion des Landes...

La soupe aux moules ménagère

Un conseil : n'achetez jamais de moules dont les coquilles bâillent. Avant de cuire les moules, grattez les petits coquillages collés dessus ; beaucoup sont morts et donneraient mauvais goût à vos mollusques. Pour ouvrir vos moules, il suffit de les mettre dans une poêle, sans eau, sur le fourneau doux. Bientôt la chaleur les fait s'ouvrir et l'eau qu'elles contiennent tombe au fond. Vous l'utiliserez pour en faire une sauce.

Faites fondre de la ventrèche et ajoutez vos petits légumes coupés en dés. Salez et poivrez. Laisser mijoter à couvert.

Ouvrez les moules. Gardez soigneusement leur eau que vous passerez au chinois. Quand vos moules sont ouvertes, coupez avec des ciseaux les fils, ça s'appelle des byssus, qui sont attachés sur leur côté. Enlevez les petits crabes parasites.

Ajoutez au mijotement la ventrèche et les petits légumes, l'eau des moules, et, en quantité égale, du fumet de poissons.

Laissez cuire cette soupe aux alentours d'une heure.

Juste avant de servir, ajoutez les moules crues. Laissez pocher deux à trois minutes.

Servez avec des assiettes chaudes. C'est une soupe iodée, tonique, délectable au palais. Accompagnez-la d'une mince tranche de pain de seigle beurrée.

---

moules	*céleri*
sel	*poireaux*
poivre	*oignons*
ventrèche	*un poivron*
tomates	*fumet de poisson*

Tournedos de saumon au foie gras et fumet de vieux cèpes

Un fumet de vieux cèpes, ça se prépare avec le bouillon aux trois viandes et le porto, en quantités égales dans le récipient de votre choix.

Les vieux cèpes reviennent dans l'huile, sont salés et poivrés, et s'en vont frémir, à petit feu dans le récipient au fumet jusqu'à réduction aux deux-tiers du fumet. Avant de servir cette sauce, vous ajouterez deux cuillerées de crème fraîche.

Découpez de belles tranches dans votre saumon, en vous rappelant que la finesse de sa chair atteint son maximum de succulence au mois d'avril. Huilez les tranches avant de les épicer.

Si vous pouvez cuire sur le gril dans la cheminée, c'est toujours préférable. A défaut, saisissez à la poêle bien chaude.

Poêlez-vous des escalopes fines de foie gras de canard cru et faites colorer sur les deux faces.

Maintenant, mettez à dorer de bonnes tranches de pain de campagne dans de la graisse de canard.

Placez vos tournedos de saumon sur ces tranches de pain. Couvrez le tournedos avec sa tranche de foie gras dorée. A part, vous servirez le fumet de vieux cèpes.

---

saumon
cèpes
foie de canard cru
sel
poivre
crème fraîche
huile
bouillon dit "aux trois viandes" :
os de porc
os de bœuf
os de veau
poireau
3 ou 4 carottes
oignon
clous de girofle
sel, poivre
thym
laurier
persil

La truite aux épices, aux amandes et aux raisins secs

Trouvez une de ces exquises truites aux flancs argentés tout marbrés avec des taches orangées et des taches noires. Si possible, une truite de montagne ; à cause de la plus grande finesse de sa chair.

La veille de vous mettre en cuisine, faites tremper des raisins de Smyrne dans de l'Armagnac.

Le jour de la cuisine, tapissez la plaque du four de papier aluminium. Badigeonnez ce papier de beurre fondu avec le pinceau.

Déposez cette élégante truite. Epicez-la partout.

Dans votre poêle à fond épais, faites revenir des amandes, à petite vitesse. Laissez dorer avec légèreté. Complétez avec une noisette de beurre, les raisins égouttés, les épices. Agitez en laissant chauffer une minute.

Arrosez la truite.

Repliez la feuille d'aluminium comme si vous emmaillotiez la reine du gave.

Cuisez-la, à four chaud, une petite demi-heure ; moins ou plus selon sa grosseur.

Présentez cette truite aux épices, aux amandes et aux raisins secs de Smyrne, entourée de persil.

---

une belle truite
une demi cuiller à café de sel
poivre fraîchement moulu
une demie cuillerée à café d'huile d'olive
60 gr d'amandes effilées
15 gr de beurre
60 gr de raisins de smyrne
un verre d'Armagnac
1/4 de cuillerée à café de cumin en poudre
1/4 de cuillerée à café de "quatre épices"
1/4 de cuillerée à café de canelle en poudre

Les truites aux girolles

Les girolles, vous les trouverez dans les bois, surtout de châtaigniers, en bordure de chemin creux, à l'été et à l'automne. Généralement, elles habitent en famille. Elles ont tout plein d'autres noms : jaunet, chevrette, jaunelet, roussette, girondelle, gingoule, crête de coq... Elles ont un chapeau, comme un petit entonnoir aux bords festonnés, jaune d'or.

Faites de tout petits dés de jambon.

Dans la graisse de canard fondue,mettez le jambon, les girolles et un peu de mie de pain. Laissez fondre.

Attrapez vos jolies petites truites que vous allez emplir de farce.

Faites revenir d'autres girolles à la poêle, en compagnie d'un peu d'ail haché bien menu. Aussi du persil haché.

Egouttez le riz que vous aurez fait cuire.

Mettez de l'huile dans la cocotte et une noix de beurre. Versez-y le riz et les girolles persillées. Mélangez. Gardez au chaud.

Trempez les truites dans du lait. Farinez-les. Donnez-les à cuire dans la poêle, à l'huile ou au beurre.

Présentez ces jolies truites farcies, escortées du riz aux girolles.

Si vous avez eu le bonheur de petites truites de torrent, savoureuses, fines de chair, nourries de libellules et de papillons, c'est tout de même mieux qu'avec la truite d'élevage...

---

4 truites plutôt petites
(1 par personne)
300 gr de girolles
pain
persil
graisse de canard
une tranche de jambon de pays
lait
farine
riz
ail

L'anguille en matelote à ma façon

L'anguille se suffit à elle-même pour la matelote. La complication, c'est pour lui enlever ses deux peaux !

D'abord, vos anguilles ont le ventre bien blanc d'argent et le dos bien noir d'ébène. Vous en attrapez une et lui attachez la tête avec une ficelle double que vous accrochez où vous pouvez. Faites-lui une petite incision autour du cou pour dégager un petit peu la peau. Détachez cette peau de la chair. Retournez la partie détachée, et, à l'aide d'un torchon bien sec, que vous tenez à deux mains, tirez à vous la peau. Elle se déroulera facilement jusqu'à la queue.

L'anguille se vide par les ouïes. Remarquez, sous la première peau, il s'en trouve une seconde, toute huileuse et toute indigeste. Pour l'enlever, il faut échauder le poisson.

Faites bouillir de l'eau dans une grande casserole. Lorsque l'eau bout, quittez la casserole du feu, plongez-y l'anguille et couvrez la casserole de son couvercle. Laissez la bête dans cette eau pendant trois minutes. Retirez-la, vous enleverez facilement cette deuxième peau...

Coupez la tête de l'anguille et coupez le reste en tronçons.

---

anguilles de grosseur moyenne
farine
épices (girofle, muscade, gingembre, cannelle)
graisse de canard
sel
poivre
poivre de Cayenne
oignons
un bon vin rouge
fenouil
cèpes
eau froide
ventrèche
ail
échalotes
persil
thym
laurier

Faites fondre des petits oignons nouveaux dans la graisse de canard, ou dans l'huile.

D'un autre côté, faites fondre de la graisse, toujours de canard, et de la ventrèche. Ajoutez un gros oignon coupé en lamelles, trois gousses d'ail pilées, sans leur germe, trois échalotes coupées fin, un peu de fenouil. Laissez chanter. Ajoutez les épices plus le poivre de Cayenne, le bouquet garni. Faites confiance à un lent mijotement.

Revenez à la première cocotte. Saupoudrez-la d'un peu de sucre en poudre, en arrosant bien vos petits oignons. Laissez caraméliser.

Faites chauffer l'équivalent d'une bouteille d'un vin rouge qui ait du corps et de la générosité. Flambez, si tel est votre désir... Versez sur les petits oignons caramélises qui en grésillent de bonheur !

Revenez à la cocotte aux légumes et aux épices ; une grande cuillerée de fine farine de froment. Remuez pendant que ça cuit. Ajoutez les cèpes, si vous en avez, ou des champignons de Paris, revenus à l'huile, les uns comme les autres. Versez le vin généreux et les petits oignons caramélisés.

En tout dernier, plongez les tronçons d'anguille crus dans cette matelote à ma façon. Laissez cuire doucettement un peu plus d'une heure d'horloge...

Les anguilles persillade à la gasconne

Dans un livre qui s'appelle *Le roman des anguilles*, c'est marqué : "l'esprit reste confondu d'apprendre que ces longs fuseaux noirs, souples et ondoyants, qui habitent, çà et là, mares, ruisseaux, étangs, traversent à un moment donné prairies et vallées pour rejoindre le grand fleuve qui les appelle, l'Océan, qui, irrésistiblement, les attire en vue de la grande fête d'amour qui se passera vers les Sargasses lointaines où naissent toutes les anguilles du monde..."

C'est pas beau ?

Voilà comment régaler vos amis.

Coupez de petites anguilles en tronçons, sans les peler.

Roulez-les dans la farine avant de les plonger dans la friture bouillante.

Pas plus de cinq minutes pour cuire ces petites anguilles.

Sortez-les de leur friture.

Aspergez-les d'un hachis d'ail et de persil. Ajoutez un peu de beurre.

Couvrez et laissez fondre, hors feu, quelques instants avant de servir.

C'est quand même pas la peine d'aller jusqu'aux Sargasses pour en manger de ces petites anguilles persillade à la gasconne !

anguilles
farine
ail
persil
beurre

Les beignets de langoustines

La langouste n'est pas pareille au homard parce qu'elle n'a pas des grosses pinces coupantes comme lui. Et la langoustine n'est pas pareille à la langouste parce qu'elle est plus petite.

Faites-vous un marché de poissons et ramenez dans le cabas quelques jolies langoustines bien fraîches qui vont prendre place dans la poêle avec de l'huile très chaude. Elles prennent la couleur dorée des deux côtés, vous les flambez à l'Armagnac, et vous laissez cuire cinq minutes, mais pas plus.

Otez ces langoustines de leur ustensile et laissez-les refroidir.

Vous allez préparer une pâte à crèpes, un peu épaisse et vous y ajouterez une petite pincée de bicarbonate de soude, escortée d'un petit filet de vinaigre pour arroser cette pâte.

C'est au tour de la bassine à friture de porter l'huile à grande chaleur. Piquez une à une les langoustines, à la fourchette. Plongez-les dans la pâte à crêpe avant de les faire couler dans l'huile chaude. Attention ! Chaud ne veut pas dire bouillant...

Toutes heureuses, vos langoustines vont remonter en surface et finir d'y prendre une superbe teinte dorée. Retirez et servez sans plus tarder.

Pendant que vous êtes en cuisine, rappelez-vous que celui ou celle qui reçoit ses amis et ne donne pas tout ses soins personnels au repas qui leur est préparé ne mérite pas d'avoir des amis.

---

langoustines	*beurre, sel*
huile	*bicarbonate de soude*
farine	*vinaigre*
lait et œufs	*Armagnac*

Le brochet au beurre blanc

Vous voilà avec un brochet de rivière de taille grosse parce que la délicatesse de ce fauve est fonction directe de son énormité. Comme pour les poissons d'eau douce, le brochet de rivière courante est préférable à celui d'étang où l'eau ne se renouvelle pas fréquemment. Maintenant, bien des pêcheurs vous soutiendront que le brocheton est de chair beaucoup plus délicate que le gros...

Quoiqu'il en soit, attrapez-vous la poissonnière. Metttez-y de l'eau, du lait, la pincée de sel et les rondelles de citron. Faites bouillir la préparation une demi-heure.

Allongez le brochet sur la grille de la poissonnière et attachez-le. Vous allez le plonger dans son court-bouillon froid. Faites chauffer. Dès l'ébullition, retirez sur le coin du feu. Laissez frissonner sans bouillir.

Si votre brochet pèse deux livres, laissez-le dix minutes dans sa poissonnière.

S'il va chercher dans les quatre livres, un quart d'heure.

Si c'est une bête de six livres, infligez-lui vingt minutes de cuisson.

Enfin, au-dessus de six livres, téléphonez à FR 3 pour le reportage et laissez-le cuire une demi-heure.

Ce temps de cuisson, frémir sans bouillir, se compte au moment du frissonnement de l'eau dans la poissonnière.

---

pour le court bouillon :
pour 7 litres d'eau :
un litre de lait
125 gr de sel
5 rondelles de citron, sans zeste et sans pépins

pour le beurre blanc :
vinaigre blanc (vinaigre de vin blanc)
échalote
250 gr de beurre
sel, poivre

Préparez votre beurre blanc de cette manière : faites réduire un verre de vinaigre blanc avec les échalotes coupées très fin. Avant la réduction complète, passez au chinois. Ecrasez bien les échalotes pour leur extirper tout leur suc.

Remettez la casserole au bain-marie. Petit à petit, incorporez 250 grammes de beurre.

Goûtez votre assaisonnement. Préparez-vous à entendre quelques histoires de pêche au brochet gascon... le plus gros... le plus grand... le meilleur du monde !

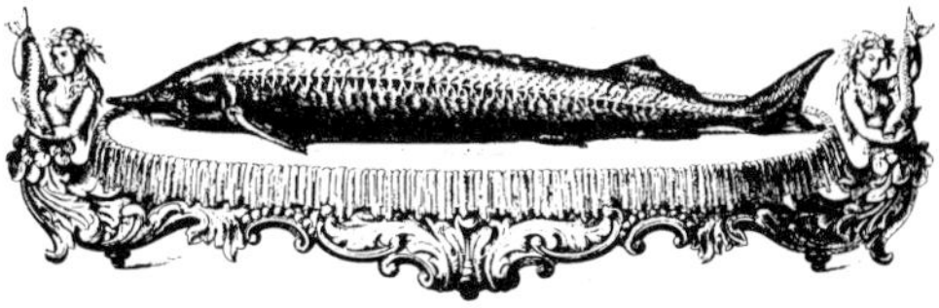

La carbonnade de Maïté

Le boucher vous a coupé une belle tranche de quasi de veau, épaisse dans les quatre centimètres.

Le secret, avec le veau, c'est de le choisir quand il est dans sa meilleure succulence, depuis juillet jusqu'à octobre, et que son âge frôle les huit à dix semaines. Avant, il a moins de saveur ; après, il a moins de délicatesse.

Dans la poêle, faites chanter de la graisse de canard. Pif ! Paf ! La tranche de veau est revenue sur ses deux faces. Sortez-la de la poêle.

Ouvrez-la en deux dans son épaisseur et glissez une tranche de foie gras cru. Pareil, comme si vous composiez un casse-croûte.

Nettoyez bien consciencieusement vos girolles jolies, charnues, orangé vif, et ne vous laissez pas couillonner par ceux qui disent que la girolle "ne vaut pas un fifrelin". A cause que les Allemands appellent la girolle "Pfifferling" et qu'ils ne lui montrent aucune considération comme comestible !

Coupez les girolles et laissez-les revenir un instant dans la graisse de canard. Salez. Poivrez. Glissez-les entre les deux épaisseurs du quasi et en compagnie du foie gras.

Prenez du fil et une aiguille pour coudre les deux tranches de veau sur tout le pourtour.

Déglacez avec un verre de bon Sauternes liquoreux. Ajoutez les raisins pelés et épépinés. Laissez revenir gentiment.

Posez la double tranche de veau dans la poêle où elle va cuire, couverte, une grande demi-heure, à moyen feu...

---

une tranche de quasi de veau
graisse de canard
foie gras cru
raisins
girolles
sel, poivre
Sauternes

La carbonnade à la gasconne

Retournez chez le boucher et demandez-lui de vous couper la même belle tranche de quasi de veau que celle qu'il vous avait préparée pour la carbonnade de Maïté.

Faites-la revenir sur ses deux côtés sans trop les dorer.

Préparez-vous le hachis avec jambon de pays, échalotes, oignon, ail, persil, le peu de sel, le plus de poivre. Liez la farce avec un œuf tout entier. Mélangez bien.

Tartinez le quasi avec cette farce d'une couche bien épaisse.

Mettez à cuire dix minutes à four chaud ; puis à four moyen en arrosant souvent. Comptez une heure de cuisson en tout.

Avant de servir, vous flamberez avec le morceau de lard gras glissé dans le cocuron, chauffé à blanc dans les braises. Si vous ne disposez pas de ce flamboir rustique, arrosez avec un jus de citron. Quand même, ça présente moins de poésie !

Coupez la carbonnade gasconne en savoureuses tranches et n'oubliez pas le jus dans la saucière en porcelaine de Limoges, que vous avez retrouvée au grenier...

---

une tranche de quasi de veau épaisse	*persil*
jambon de pays	*sel, poivre*
échalotes	*un œuf*
oignon	*lard gras pour le cocuron (facultatif)*
ail	*citron*

Le coulis de tomates

Quand vous avez l'intention de mijoter quelque ragoût dont le mouillement doit être lié, vous devez avoir dans vos réserves culinaires un vrai coulis de tomates.

Les tomates sont un grand bienfait pour une cuisine recherchée.

Ebouillantez promptement les tomates avant de les peler, vous les pèlerez avec plus de facilité.

Dans la graisse de canard fondue, faitez cuire des oignons émincés, une gousse d'ail écrasée, un petit peu de thym, une demi-feuille de laurier, du persil, cerfeuil et estragon et un petit piment fort d'Espelette, au pays Basque. Remuez bien avant d'ajouter vos belles tomates coupées en morceaux.

Cette cuisson se fait sous surveillance pendant une grande demi-heure.

Un vrai coulis de tomates dans un petit volume vous présente l'extrait le plus succulent du corps dont il est tiré.

---

tomates
oignons
ail
bouquet garni (thym, laurier, estragon, cerfeuil)
persil
un petit piment fort du Pays Basque

Courgettes en gratin

Lavez quelques-unes de ces plantes rampantes, qui ont des feuilles comme le lierre, mais blanchâtres, avant de les essuyer dans un linge. Prenez la râpe à gros trous et râpez vos courgettes, sans les peler.

Quelques noisettes de beurre fondent dans la casserole. Faites-y fondre aussi des oignons hachés jusqu'à la transparence. Ajoutez les courgettes râpées. Salez. Poivrez. N'oubliez jamais la recommandation de grand'mère : "Chiche de sel, prodigue de poivre". Laissez vos courgettes fondre, mais pas à l'excès.

Attrapez votre plat à gratiner, beurrez-le. Disposez vos légumes rampants et bulbeux.

Vous aurez battu deux œufs entiers avec une bonne cuillerée à soupe de crème fraîche et du gruyère râpé et vous versez le tout dans le plat, sur vos courgettes. Saupoudrez de fromage râpé, à défaut de chapelure, y compris quelques nouvelles noisettes de beurre.

Ouvrez le four qui sera très chaud. Laissez gratiner votre préparation dix minutes ou un quart d'heure.

Vous aurez obtenu le gratin de courgettes : économique et savoureux !

des courgettes	*2 œufs*
oignons	*100 gr de râpé*
sel, poivre	*crème fraîche*
beurre	*chapelure (facultatif)*

La fricassée de poissons au Sauternes

Ramenez-vous de la halle aux poissons ou de chez la marchande un petit homard, bien en vie... Hélas ! Vous allez le supplicier en le faisant bouillir dans les dix minutes et dans son court-bouillon. Les tourmenteurs de la Sainte-Inquisition ne faisaient pas pire !

Ajoutez la baudroie et laissez cuire encore dix minutes. Ajoutez encore les filets de soles qui devront cuire au frisson, environ six minutes. Enfin, les moules pour trois minutes. Repêchez tous ces poissons et coquillages. Egouttez. Epongez. Mettez de côté dans un plat creux. Humectez d'un Sauternes d'or ensoleillé. Couvrez de papier aluminium et réservez au chaud.

Au préalable, bien sûr, vous aviez préparé votre court-bouillon avec son assaisonnement relevé. Le poisson gagne toujours à cuire quelque temps d'avance dans le court-bouillon et à y mijoter ensuite, tout doucement, au bord du fourneau.

Décapitez les langoustines. Gardez les corps en réserve. Attrapez le pilon et faites une pâtée de têtes et de pattes. Décortiquez les corps à cru et faites revenir au beurre. Flambez à l'Armagnac.

---

un petit homard vivant
8 pièces de coquilles Saint-Jacques
8 filets de soles, coupés en quatre chacun
8 langoustines
400 gr de baudroie
une belle poignée de moules
vin de Sauternes
quelques noix de beurre
cerfeuil frais
crème fraîche
sel, poivre
pour le court bouillon :
oignon
clou de girofle
thym
laurier
sel
poivre
vin blanc sec
parures des soles
Porto

Ajoutez vos échalotes hachées très fin, les tomates coupées en tout petits dés, la double pincée de safran, le grand verre de Sauternes. Tout ceci va réduire.

C'est le moment de récupérer les chairs des langoustines et de les mettre avec la fricassée de poissons. Passez au chinois et faites exprimer le plus possible de jus que vous ferez réduire.

De la crème fraîche. Laissez encore cuire à gros bouillonnements jusqu'à la consistance que vous souhaiterez. Arrosez la fricassée avec cette sauce brûlante...

Il ne vous est pas interdit de penser à une polissonnerie :

Car plus d'une beauté, rigide
Au tête-à-tête familier,
Succombe après ce plat perfide,
En cabinet particulier.

L'omelette aux langoustines

La réussite d'une omelette dépend exclusivement des proportions que vous observerez et du temps que vous emploierez. Une omelette qui est restée au feu pendant trois minutes est trop cuite. Pas plus de deux ! Regardez, simultanément, votre poêle et votre montre. Voilà le principe. Pour le reste, vous pouvez imaginer ce qui vous plaira et corser vos œufs battus avec des pointes d'asperges, des truffes, des cèpes, des pommes de terre sautées, des croûtons de pain frit, de l'oignon, du lard, du homard taillé en dés, de la purée de foie gras, un buisson de morilles à la crème, des fines herbes, du thon, des bananes, du fromage, de l'oseille, des rognons, des confitures, du citron, des fraises, et... des langoustines...

Seuls, quelques cuisiniers émérites ont le secret de bien battre une omelette, de l'assaisonner de bon goût, de la cuire à point et de lui donner, en la repliant, une forme légère, légère, gracieuse et tout à fait appétissante !

Faites chauffer l'huile dans une cocotte et expédiez-y les langoustines. Epicez. Les petits crustacés doivent prendre couleur, mais ne pas cuire plus de dix minutes. Sortez-les de leur local, à l'écumoire, laissez-les refroidir. Gardez-vous le jus de la cocotte.

Préparez un coulis de tomates. Dans la cocotte, ajoutez, si besoin, un peu d'huile. Faites fondre les

---

Armagnac	*thym*
carottes	*sel*
tomates	*poivre*
œufs	*huile*
oignons	*vin blanc*
persil	*crème fraîche*
laurier	*langoustines*

---

oignons émincés. Ajoutez de très petits dés de carottes.

Pendant la fonte de ces légumes, décortiquez des langoustines. Gardez-les chairs. Passez au pilon les têtes, les pattes et les carapaces. Ajoutez à la sauce.

Flambez au cognac. De même, faites chauffer et flambez deux verres de vin blanc sec. Versez dans la cocotte. Laissez se faire la réduction.

Vous passerez cette sauce au chinois ainsi que le coulis de tomates. Touillez. Gardez au chaud. In extremis, vous renforcerez d'une belle cuillerée de crème fraîche.

Battez les œufs à la fourchette pendant deux minutes pour atteindre à la légèreté. Incorporez les chairs émiettées des langoustines.

Quand le beurre ou l'huile se met à fondre dans la poêle, jetez vos œufs. Rappelez-vous, l'omelette ne doit pas être trop cuite.

Présentez-la, entourée joliment des plus beaux corps de langoustines que vous aviez sélectionnés. Mettez-lui la compagnie du coulis...

Si seulement, vous pouviez battre les œufs au fouet d'osier !

La paella de la côte basque

Chez nos bons voisins les Basques, chaque plat de la cuisine des paysans ou des pêcheurs porte sa marque originale ! C'est ainsi qu'ils se sont approprié une vieille spécialité espagnole, la paella valencienne, pour nous offrir leur paella à la mode du Pays Basque !

Commencez par préparer le court-bouillon, sans omettre les parures de vos poissons et les cramoisis piments d'Espelette. Quand ce court-bouillon relevé aura bouilli la demi-heure, incorporez-y les langoustines que vous laisserez cuire dix minutes. Sortez-les. Réservez.

Dans ce même court-bouillon, faites cuire vos "gambas", les grosses crevettes, cinq minutes. Sortez-les. Réservez.

Jetez vos coquillages, à sec, dans une poêle exposée au feu vif : les moules, les praires, les coques, les amandes, les palourdes. Saisis par la chaleur ambiante, ils s'ouvriront d'eux-mêmes. Mettez-les par côté. Versez le jus de la poêle dans le court-bouillon.

Préparez les seiches. Videz-les. Enlevez leur unique os calcaire que vous suspendrez dans la

un poulet	*champignons*
lapin	*tomates*
viande de porc	*poivrons rouges*
moules	*oignon*
praires	*échalote*
amandes	*ail*
coques	*clous de girofle*
langoustines	*riz*
parures de poisson	*safran*
gambas (ou grosses crevettes roses)	*sel, poivre*
	huile
carottes	*huile d'olive*

cage aux oiseaux, pour y aiguiser leur bec. Lavez-les et découpez ces difformes bêtes en lanières.

Ne vous laissez pas impressionner par le terrifiant récit de Victor Hugo, "Gilliat et la pieuvre" : tout à coup, il se sent saisir le bras. Quelque chose qui est mince, âpre, glacé, gluant et vivant, vient de se tordre dans l'ombre autour de son bras nu. Cela lui monte vers la poitrine. C'est la pression d'une courroie et la poussée d'une vrille...

Hugo avait un côté gascon, une tendance innée à l'exagération. La seiche est un animal céphalopode des plus affectueux, des plus attachants !

Découpez le poulet et le lapin en morceaux menus que vous ferez revenir dans votre grande poêle à paella, et dans l'huile d'olive. Quand le gallinacé et le rongeur seront dorés à souhait, donnez-leur de la compagnie avec les lanières de seiches et les tomates. Touillez. Laissez revenir un tantinet. Ajoutez vos champignons émincés. Epicez et laissez mijoter.

Cette paella basquaise s'élabore au mieux ! Mouillez vos légumes, vos viandes et vos seiches avec le court-bouillon. N'oubliez pas le persil coupé fin.

Sortez vos coquillages de leurs couvercles respectifs et envoyez-les faire trempette dans le court-bouillon. Laissez chauffer.

Un quart d'heure avant d'attaquer la paella, fourchette en main, mettez le riz, déjà cuit ; aspergez de poudre de safran. Surveillez voluptueusement cette cuisson.

Juste avant la dégustation de la paella, disposez les langoustines et les gambas, les coquillages et les lanières de poivrons rouges, qui seront du meilleur effet visuel, prélude à la polka des mandibules qui s'ensuivra...

Les petits friands de poissons

En guise de prologue :

Prenez un beau homard, puis sur sa carapace
posez une main ferme, et, quelques sauts qu'il fasse,
Sans plus vous attendrir à ses regrets amers,
Découpez tout vivant ce cardinal des mers...

En fait, vous n'allez pas découper votre écrevisse de mer, mais la plonger, toute vivante, dans une marmite d'eau bouillante salée. Laissez cuire 5 à 10 minutes. Songez à tous ces saints martyrs qui périrent dans de grandes marmites d'eau bouillante, au temps héroïque des persécutions !

Pelez vos deux soles. Vous leur fendez le dos et enlevez la peau qui les recouvre de côté. Tirez ferme, elle se détachera aisément. C'est curieux que le mot sole s'en vienne du latin solea, qui veut dire sandale ou semelle. Vous n'en mangerez pas beaucoup des semelles qui aient la délicatesse de sa chair.

Levez les filets en faisant une incision le long de l'arête. Coupez-les en plusieurs morceaux. Dans la sauteuse, faites fondre du beurre ; jetez-y deux échalotes fines coupées, laissez fondre et prendre légèrement couleur. Ajoutez les morceaux de filets. Salez doucement. Poivrez allégrement. Cela va cuire à petit feu une dizaine de minutes.

---

pâte feuilletée	*ail*
Armagnac	*oignon*
Madère	*sel, poivre*
œufs	*2 soles à filets*
laurier	*un petit homard*
2 échalotes	*beurre*

Coupez le homard en morceaux. Décortiquez-le. Réservez la chair. Vous allez mélanger avec les filets de sole en additionnant d'un verre de Madère. Ecrasez à la fourchette. Flambez à l'Armagnac. Il convient que le tout macère, hors feu, une vingtaine de minutes.

Préparez-vous la béchamel en récupérant le jus de cuisson des filets de sole. N'oubliez pas d'appuyer fortement avec la cuillère de bois au fond de la casserole ; toute sauce mouillée au lait a la susceptibilité de vouloir s'attacher ! La béchamel sera bien épaisse ; mélangez-la avec le poisson

Etalez une pâte feuilletée. Découpez des rondelles de deux dimensions. Déposez un petit tas de poisson sur la rondelle petite. Mouillez à l'eau le bord. Recouvrez avec la rondelle grande. Soudez près du bord, mais sans écraser l'extrême bord qui devra se boursoufler à la cuisson.

Dorez artistiquement le dessus avec du jaune d'œuf délayé dans très peu d'eau.

Cuisez cette préparation culinaire à four très chaud. Vous avez réussi là les petits friands de poissons dont vos hôtes se montreront tout aussi friands...

Le poulet d'Aramis farci sous la peau

Quand ils festoyaient dans quelque auberge de renom, les mousquetaires ne faisaient pas semblant ! Des rôts, des entremets, des hors-d'œuvre de légumes, d'omelettes. Des potages à la bisque de pigeonneaux et de crêtes de coq, des perdrix aux lentilles, des poulets fricassés, des dindons grillés, des chaponneaux, des bécasses, des sarcelles. Des rissoles, des crèmes et des tourtes à la braise ! Un de leurs régals, entre deux escarmouches, c'était le poulet farci sous la peau. Aujourd'hui, on dit le poulet d'Aramis...

Laissez votre rapière au vestiaire et faites, pacifiquement, une farce de ventrèche, de viande de veau et d'échalotes.

Faites revenir, un instant, des champignons de Paris, coupés menu.

Coupez des lamelles de foie gras. Mélangez le tout. Epicez. Imbibez d'un petit verre d'armagnac.

Ouvrez le poulet d'Aramis le long du dos et aplatissez-le. Glissez la main sous sa peau pour la décoller tout autour des membres. Introduisez la farce entre chair et peau. Répartissez-la bien. Tirez l'aiguille pour recoudre la peau.

Faites cuire dix minutes à four chaud ; vingt minutes à four moyen. Arrosez fréquemment. Laissez cuire encore une grande demi-heure.

Vous allez passer le poulet d'Aramis au flamboir, qu'il dégouline tout partout du suc du lard suintant du capucin...

Passez bruyamment à table pour faire ripaille.

---

un beau poulet	*lard gras*
échalotes	*foie gras cru*
champignons de Paris	*sel*
ventrèche	*poivre*
250 g environs de veau	*armagnac*

Le poulet fermier à l'ail et aux herbes

Si vous achetez votre poulet non vidé, vous gagnerez des économies.

Au commencement de cette recette, vous préparez une farce maigre avec le fromage blanc, l'estragon et le cerfeuil hachés, la ciboulette en petits bâtonnets, le sel et le poivre.

Coupez finement des champignons de Paris. Arrosez-les d'un jus de citron. Ajoutez-les à la farce maigre. Facultativement, vous parfumez cette farce d'une lampée d'armagnac.

Epicez le poulet fermier, au dedans comme au dehors. Farcissez-le. Prenez le fil et l'aiguille et recousez-le.

Tout badigeonné de graisse de canard, ce poulet va au four dans un plat un peu profond. Parsemez-le de cerfeuil haché.

Pelez des patates que vous couperez en gros morceaux. Disposez-les dans le plat, autour du poulet qui rissole. Aussi des gousses d'ail, non épluchées.

Arrosez à la graisse de canard et laissez votre volatile fermier, une heure, à four moyen.

Rappelez-vous que l'ail n'indispose que celui qui n'en mange pas !

---

armagnac
500 g de fromage blanc
estragon
cerfeuil, ciboulette
champignons de Paris

ail
graisse de canard
pommes de terre
un beau poulet fermier des Landes

Le ragoût de langoustines au Sauternes et à l'oseille

Le ragoût, c'était la gloire de la vieille cuisine française. C'est passé de mode. Ça revient à la mode. Mais chez nous, en Gascogne, on ne s'inquiète pas trop de la mode. On s'occupe au fourneau comme s'occupaient nos grand'mères. La manière est souvent la même. Il n'y a que le fourneau qui a changé !

Préparez le court-bouillon.

Dans la sauteuse, faites fondre un peu de beurre et jetez-y une *brunoise* de carottes et navets, ainsi que du concombre découpé en olives allongées. Vous salez. Vous poivrez. Les légumes se recroquevillent à feu doux.

Faites blanchir l'oseille. La meilleure se cueille à l'automne. Une fois blanchie, retirez-la et égouttez ses feuilles avant de les ajouter aux légumes.

Les langoustines cuisent dix minutes dans le court-bouillon. Sortez-les à l'écumoire. Décortiquez-les sans vous brûler les doigts. Pincez vos langoustines pour démantibuler la carcasse sans abîmer la chair. Réservez cette chair.

Réduisez le court-bouillon dans une casserole avec du vin de Sauternes. Une fois réduit aux deux-tiers, ajoutez deux bonnes cuillerées de crème fraîche.

---

court- bouillon :
poireaux
carottes
oignon
clous de girofle
thym
laurier
persil
sel, poivre

un grand verre de Sauternes
recette :
langoustines
beurre
carottes
navets
concombre
oseille

Préparez un lit de légumes sur un plat. Bordez le lit avec les langoustines décortiquées. Nappez avec la réduction de sauce.

L'acide de l'oseille se marie bien avec le mœlleux du Sauternes. C'est tout le principe aigre-doux de la cuisine chinoise. Mais vous n'avez pas besoin d'aller jusque là-bas pour faire cette découverte culinaire !

Brunoise : légumes coupés en cubes.

La sauce Nantua comme à Rion des Landes

Nantua, c'est pas dans notre pays de Gascogne ! C'en est même loin. Alors, pourquoi, ils auraient une sauce pour eux tous seuls, les gens de Nantua ?

Eux, là-bas, ils coulent de la béchamel dans leur sauteuse ; ils y mettent tout plein de crème double et ils beurrent encore mais avec de leur beurre d'écrevisses...

Voyez donc comment on fait la sauce Nantua à Rion.

Vous coupez l'oignon fin et les carottes en rondelles fines.

Vous mettez l'huile dans la sauteuse et faites fondre votre oignon ; après, vous ajoutez les carottes. Sel et poivre. Et au tour de l'estragon et du persil, de la feuille de laurier et de la tomate.

Dans cette sauteuse, vous laissez tomber vos carapaces de langoustines avec leurs têtes et leurs pattes.

Flambez le verre de bon armagnac que vous versez sur les langoustines.

Flambez le vin blanc pareil et ajoutez-le.

Laissez la cuisson au moins une demi-heure. Passez au chinois après avoir écrasé les débris de langoustines.

Au moment de servir, vous pouvez donner deux cuillerées à soupe de crème fraîche, pas plus, pas en quantité industrielle comme chez eux, là-bas, à Nantua !

---

langoustines
oignon
carottes
estragon
persil, laurier
tomates (ou coulis, ou concentré de tomates)
piment fort du Pays Basque
Armagnac
vin blanc
crème fraîche

Têtes d'ail en purée

Nous autres, en Gascogne, on est tous mangeurs d'ail ! On avait juste besoin d'en avoir une tête ; un cap d'ail, pour se frotter le pain avec le raisin cueilli dans la vigne, à la rosée, pour se faire le déjeuner.

Si vous voulez chasser la forte odeur de l'ail, mangez de la betterave rouge, cuite sous la cendre.

Les Parisiens nous critiquent à cause de la prédilection qu'on a pour l'ail, ici ; mais ils ne savent pas comme il est parfumé : l'odeur !

Elle gêne pas les causeurs, sauf ceux-là d'en face qui n'en ont pas mangé !

Faites bouillir des têtes d'ail, non pelées, pendant un grand quart d'heure. A l'eau, vous avez ajouté une cuillère à soupe de bon vinaigre.

Sortez les têtes. Coupez-leur la queue. Retournez la tête sur le côté. Tenez-la ferme pour l'écraser à la fourchette. La chair sort de la gousse sans difficulté.

Enlevez les cosses et la peau des têtes d'ail.

Ecrasez une pomme de terre bouillie avec cet ail. Ajoutez à la purée une grosse noix de beurre. Epicez. Faites le mélange à la fourchette.

Chez nous, il y a des foires où on ne vend que de l'ail...

---

têtes d'ail
pomme de terre
vinaigre
beurre

La terrine de canette

La terrine, au départ, c'est un ustensile de cuisine qui va au feu. On s'en sert pour faire des pâtés sans croûte et ses côtés sont droits. Maintenant, vous en avez des rondes, des ovales, des carrées, des longues, avec la figure de l'animal sur le couvercle. Vous pouvez faire tout plein de terrines : au lièvre, à la perdrix, au sanglier, au pigeon, au faisan, aux cailles...

Voilà pour la terrine de canette : prélevez les magrets de la canette. Enlevez-leur la peau et la graisse.

Faites une marinade sans légumes, avec vin blanc et Armagnac.

Découpez les fins filets dans les magrets et mettez-les à la marinade, au moins une heure.

Faites des petits cubes de magret.

Pour la farce, il vous faut de la ventrèche, du quasi de veau, du porc, des gésiers de canettes, de la muscade rapée et de l'ail coupé fin. Plus un œuf entier et un petit peu de marinade. Laissez la farce prendre goût un bon moment.

Graissez votre terrine. Alternez couches de farce, fines lamelles de foie gras, cubes de magret, filets de magret marinés, par petites couches.

Terminez la terrine en la couvrant avec des feuilles blanches de laitue, un peu revenues à la poêle dans la graisse de canard.

La terrine de canette va cuire au four, une bonne heure, au bain-marie.

---

armagnac
vin blanc
salade de laitue
ventrèche
une petite tranche de quasi de veau
un morceau de porc
deux petites canettes
noix muscade, ail
un ou deux œufs
foie gras cru
sel et poivre

Le tourin blanchi

La soupe, si vous voulez mon avis, c'est pareil comme l'ouverture de l'opéra-comique vous annonce le sujet de l'ouvrage. Alors, elle doit être combinée pour donner une idée de ce qui va suivre au dîner !

Avant, dans les noces campagnardes, quand les mariés essayaient de s'enfuir, les jeunes gens tentaient de les retenir. Une fois que les mariés avaient disparu, les jeunes partaient à leur recherche. Quand ils avaient dévouert la chambre nuptiale, ils obligeaient les nouveaux époux à "prendre le pot de chambre". C'était le vase de nuit rempli de tourin !

Même si vous n'êtes pas de noces, voilà comment on fait toujours le tourin blanchi par chez nous...

Hachez menu cinq à six gousses d'ail que vous ferez revenir à la poêle dans de la graisse de canard. Ne laissez pas prendre couleur.

Maintenant, versez cet ail dans une marmite d'eau bouillante salée et poivrée.

Prenez une assiette à calotte. Mettez-y deux jaunes d'œufs. Ajoutez un rien d'eau et battez à la fourchette. Ajoutez une cuillerée de vinaigre de vin.

Battez encore. Versez dans la marmite, hors du feu, en fouettant vigoureusement les jaunes pour qu'ils ne fassent pas omelette.

Faites une frottée à l'ail sur des croûtons, si vous aimez. Servez le tourin brûlant sur les croûtons.

---

5 à 6 gousses d'ail
graisse de canard
eau salée et poivrée
2 jaunes d'œufs
une cuillerée à soupe de vinaigre de vin
pain

La vraie salade landaise

Les dames surtout sont singulièrement gourmandes de salade, et celles qui ont une jolie main ne se servent jamais de fourchettes pour la manger.

Les salades sont innombrables, mais peu de gens savent les accommoder.

Cuisez un magret de canard au four ou sur le gril. Mettez-lui son sel et son poivre.

Cuisez des gésiers de canard, à moins que vous préfériez les avoir tout confits. Dégraissez-les bien et donnez leur un séjour au four.

Préparez des filets de magret.

Coupez des petits carrés de gésiers.

Prenez vos tranches fines, fines, de jambon de Bayonne, et passez-les un instant à la poêle.

Préparez vos plantes herbacées et rappelez-vous que pour une vinaigrette bien accommodée, il faut quatre parties d'huile pour une seule de vinaigre.

A cette salade, vous apportez les filets de magret, les petits carrés de gésiers, les lamelles fines de jambon de Bayonne.

Au tout dernier moment, vous poêlez quelques lamelles d'onctueux foie gras de canard.

Faites l'échafaudage de ces lamelles de foie gras sur vos plantes. Et là, vous obtiendrez la véritable salade landaise !

---

salades, à volonté : laitue, batavia, frisée, scarole, trévise ou autres
un foie de canard frais
un magret de canard
gésiers de canard
une tranche de jambon de Bayonne coupée très fine

Des blancs de poulet aux raisins et au Sauternes

Découpez votre poulet fermier. Dégagez les blancs que vous salez et poivrez.

Composez une marinade haut de gamme avec du vin de Sauternes, un petit verre de cet armagnac qui a vieilli dans la pénombre du chais, dans la futaille de bois de chêne, et un petit doigt de Madère.

Mettez-y les blancs à mariner une heure.

Pelez des beaux grains de raisins, gonflés. Epépinez-les à la pointe du couteau pointu. Mettez-les à macérer dans du Sauternes et de l'Armagnac.

Retirez les blancs de poulet de cette marinade où ils se sentaient bien. Epongez-les au linge fin.

Déposez les blancs dans la poêle où a fondu la graisse de canard. Faites dorer, pile et face. Epicez.

Les blancs ont pris couleur ambrée. Retirer et réserver.

Déglacez la poêle avec un peu de marinade. Jetez-y les grains de raisins. Ils mijoteront à tout petit feu.

Remettez les blancs de poulet à la poêle. Gardez un œil sur la cuisson qui va se poursuivre, doucettement, une dizaine de minutes.

---

un poulet des Landes	*oignons*
Madère	*ail*
Armagnac	*échalotes*
Sauternes	*beurre*
raisins blancs	*sel*
citrons verts	*poivre*

Les brochettes de sanglier jeune

Il n'y a guère que le fumet qui distingue le sanglier du cochon. Leur hure se présente de la même manière, leurs pieds se servent de même et leurs filets sont également piqués à la broche. Mais c'est là que cessent leurs rapports, car le sanglier se refuse à la confection du boudin, des saucisses et des andouilles.

Plus le sanglier avance en âge, plus il est enclin à la misanthropie et cherche refuge, loin des vanités du monde animal, dans les ronciers. Ne risquez pas sa charge en voulant vous procurer une selle de ce mammifère ombrageux.

Découpez votre selle. Choisissez les meilleurs morceaux, entre la première côte et le gigot, dont vous ferez des petits cubes pour enfiler sur les brochettes. Mettez les cubes à mariner pour au moins vingt-quatre heures.

Le lendemain, vous découperez les parures du sanglier. Vous ferez chauffer de la graisse de canard dans une braisière ou dans une cocotte, y jetterez les parures, les ferez revenir et dorer de tous côtés. Salez et poivrez. Ajoutez l'échalote coupée grossièrement, laissez-la fondre.

---

une selle de jeune sanglier
graisse de canard
crème fraîche
au choix, pour les marinades :
soit :
vin rouge
huile d'olive
poivre
laurier
thym
feuilles de menthe
sauge
échalotes
ventrèche coupée en dés
soit :
vin blanc
3 gousses d'ail
2 carottes
thym
laurier
persil
3 rondelles de citron
paprika
poivre en grains
2 cuillerées à soupe d'huile

Otez vos petits cubes de la marinade dans laquelle ils baignaient. Placez-les de côté. Versez la marinade dans la cocotte ou dans la braisière. Ajoutez la brindille de thym, la feuille de laurier. Laissez mijoter, doucement, doucement, à couvert, une grande heure durant.

Vous préparez les brochettes, en alternant petits cubes de sanglier et ventrèche. Déposez sur le gril et accordez toute votre attention à la cuisson. Terminez en arrosant au capucin, ou cocurond, du jus d'un morceau de gras de jambon grésillant.

Passez la sauce. Ajoutez la crème fraîche et donnez un bouillon. Goûtez.

Rectifiez l'assaisonnement. Laissez aller à consistance voulue. Régalez-vous !

Les cailles dodues avec foie gras, raisins, Sauternes

N'attendez pas qu'elles vous tombent toutes rôties dans le bec...

Procurez-vous quelques spécimen de ces oiseaux de passage, aussi tendres que délicats, et préférez-leur les cailles de vigne.

Pelez, épépinez de beaux grains de raisins gonflés, juteux, que vous laisserez mariner dans un bol, recouverts d'Armagnac.

Plumez et videz les cailles. Farcissez-les avec deux grains de raisin, puis deux morceaux de foie gras, et encore deux grains de raisin. Coupez les oiseaux.

La graisse de canard chantonne dans sa cocotte. Vous y faites revenir les oiseaux. Une flambée à l'Armagnac. Les cailles vont se prélasser, une demi-heure durant, dans cet alcool divin.

La cocotte sera déglacée avec un grand verre de Sauternes. D'un geste mesuré, jetez-y une poignée de raisins. Laissez mijoter un doux moment en attendant de lier avec de la crème fraîche.

Nappez les cailles jolies. Servez avec cérémonie, dans le recueillement obligé pour savourer ces merveilles célestes.

cailles	*graisse de canard*
raisins	*Sauternes*
Armagnac	*sel*
foie gras cru	*poivre*

Les cèpes à la bordelaise

Coupez les queues. Pelez-les. Plongez têtes et queues dans l'huile chaude de la friteuse.

Laisser cuire dix minutes jusqu'à ce que les cèpes montent à la surface.

Préparez la persillade : deux cuillerées d'échalotes hachées ; d'autres préfèreront de l'ail ; deux grandes cuillerées de mie de pain et du persil haché.

Faites cuire les cèpes égouttés dans une poêle chaude (sans matière grasse). Ce serait mieux dans une casserole en terre. Ajoutez la persillade. Couvrez.

Faites revenir, en douceur, de cinq à dix minutes, mais sans que la persillade noircisse !

Vous ne mettrez jamais d'accord entre eux les partisans des gros mous et des petits durs à tête noire. Pas plus que les supporters de l'ail et ceux de l'échalote. A Bordeaux, on préfère le parfum d'échalote qui ressemble à l'accent local ; en Gascogne, on préfère l'ail qu'on croque dans le rose du gigot !

---

huile
cèpes
ail
persil

Le chevreuil à la royale

Ne pensez pas aux aboiements sans fin des chiens de meute qui sont sur la voie du chevreuil. A la fuite rapide du vif animal à travers layons, au coup de feu qui se répercute dans la lande. Votre sensibilité est toute respectable. Mais vous voilà avec une belle gigue de chevreuil sur la table de cuisine... et de tendres côtelettes et quelques autres morceaux de viande au goût sauvage.

Préparez un civet. Coupez les côtes et le cou par morceaux, ainsi que la poitrine. Faites revenir dans la cocotte, à la graisse de canard bien chaude, ou dans un peu de lard avec du beurre.

Préparez le hachis de ventrèche, d'échalotes, d'oignon, que vous ajoutez à la cocotte, sans oublier le thym et le laurier.

Cuisez une demi-heure.

Flambez le vieil Armagnac dans la cocotte.

Maintenant, faites bouillir deux bouteilles de vin rouge. Vous savez, nous avons nos vins de Jurançon, de Madiran, de Tursan, qui apportent de l'émotion gustative. Ils sont moins cérébraux que les grands Bordeaux, mais ils sont bien olfactifs et gaillards. Ils ont moins de titres que les plus glorieux, mais ils ont leurs mérites !

Faites flamber ce rouge que vous versez dans la cocotte. Laissez au mijotement la demi-heure.

---

cou, côtes et cuissot de chevreuil	*graisse de canard*
ventrèche	*2 litres de vin rouge*
échalotes	*Armagnac*
oignon	*foie gras cru*
ail, thym	*crépines de porc*
laurier	*farine*
	crème fraîche

Allez vous coucher.

Le lendemain, faites cuire à nouveau un quart d'heure.

Allez vous coucher.

Le surlendemain, faites cuire à nouveau un quart d'heure...

Prenez le cuissot et découpez-le en escalopes.

Faites un nouveau hachis comme le premier.

Posez une première escalope sur la planche à découper. Couvrez-la de hachis ; puis d'une fine tranche de foie gras. Recouvrez d'une autre escalope de chevreuil. Roulez dans une crépine. Ficelez. Recommencez l'opération.

Mettez les crépines dans une cocotte.

Passez le civet et versez la sauce dans la cocotte sur les crépines.

Laissez cuire trois-quart d'heure, à couvert.

Allez vous coucher.

Le troisième jour, enfin, dégraissez la sauce. Réchauffez-la. Liez-la, si besoin, avec un petit peu de farine de froment maniée dans une cuillerée de crème fraîche.

Portez un toast à Saint-Hubert !

Le civet de chevreuil

Préparez la marinade — celle qu'on appelle "Baume du Samaritain" —, composée de vin et d'huile, vin de Bordeaux et huile vierge d'olive. Condimentez-la avec rondelles de carottes, lamelles d'oignons, échalotes, ail, thym, laurier, girofle, noix muscade râpée, un peu de Cayenne, une poignée de baies de genièvre, sel et poivre.

Plongez votre pièce de chevreuil dans cette marinade, plusieurs jours avant la préparation définitive. Retournez-la une ou deux fois par jour dans sa marinade. Ajoutez un petit verre d'un très bon armagnac. A la fin de son séjour, le chevreuil sera embaumé par vos aromates...

Mettez de la graisse de canard à fondre dans une cocotte. Faites revenir les morceaux du chevreuil jusqu'à bonne couleur. Ajoutez oignons et échalotes fin coupés. L'oignon est plus fort ; l'échalote plus parfumée.

Oignons ainsi qu'échalotes doivent mijoter jusqu'à transparence, mais sans prendre couleur. Ajoutez la marinade. Goûtez l'assaisonnement. Mélangez.

Faites cuire à feu moyen une heure et demie. Laissez reposer vingt-quatre heures. Malgré votre impatience de régal, vous remettrez à cuire une nouvelle heure.

---

morceaux devant d'un chevreuil (épaules, côtes)
carottes
oignons
échalotes
thym
laurier
clous de girofle
noix muscade
vin rouge

Le faisan mis à la broche

Le faisan nous vient d'Asie. Les Argonautes aperçurent pour la première fois cet oiseau magnifique, à la queue en arc-en-ciel, qu'ils ramenèrent en Europe.

Vous laissez votre faisan se mortifier quelques jours, au frais, pas au réfrigérateur. Le gibier doit attendre. Si vous avez bien choisi votre gallinacé, il sera de chair tendre, de haut goût, tenant à la fois de la volaille et de la venaison. Tâtez-lui son os inférieur, au bas du dos ; s'il est souple, la bête est jeune ; si cet os est raide, la bête sera ferme et il vous faudra envisager un autre mode de cuisson.

Votre faisan est jeune et tendre. Salez et poivrez son intérieur. Découpez un beau morceau de foie gras cru. Enfournez-le dans le volatile. Dans une miche de pain de campagne, mais dans la croûte, préparez-vous un bouchon que vous glisserez dans le faisan pour lui bloquer la sortie éventuelle du foie gras ; s'il s'échappait, ce foie fondrait hors du lieu prévu ! Reliez-lui les pattes. Ficelez serré. Embrochez la bête et exposez-la au feu vif environ une heure. Attendu la fermeté de la peau du faisan, il peut être exposé sans inconvénient à ce feu vif. Vous connaîtrez qu'il est cuit lorsque la peau lancera de la fumée par jets, comme la cheminée d'une locomotive à vapeur après le coup de sifflet du chef de gare. A la fin de la cuisson, flambez au capucin avec le gras du lard. Les compliments des invités ne devraient pas se faire attendre !

---

un faisan
sel
poivre
foie gras de canard cru
miche de pain de campagne
gras de jambon de pays

Le faisan aux cèpes

Après l'avoir plumé, flambé et vidé, vous allez découper votre faisan, tout pareil comme un poulet. N'oubliez pas, la poitrine est sa partie la plus délicate. Vous pouvez la découper en enlevant par tranches toute la chair, depuis une aile jusqu'à l'autre, dans le sens de la longueur du corps. Détachez ensuite les cuisses et divisez ce qui reste.

Faites revenir ces morceaux dans la cocotte avec de la graisse de canard bien chaude.Salez. Poivrez. Dorez sur tous les côtés.

Il vous faut ajouter deux carottes en bâtonnets, trois échalotes coupées sans finesse, une gousse d'ail, des petits dés de ventrèche. Tout cela va mijoter une dizaine de minutes dans la cocotte couverte.

Flambez à l'Armagnac, si vous le désirez. Laissez encore à mijoter.

Maintenant, coupez la carcasse en morceaux. Ne gardez pas la tête du faisan. On ne les garde avec les plumes que pour parade, quand on présente l'oiseau rôti à la broche...

Toujours dans de la graisse de canard chaude, faites revenir ces morceaux de carcasse, des petits dés de ventrèche, deux ou trois carottes coupées en lamelles, des petits oignons nouveaux, deux échalotes, une tomate bien mûre, le bouquet garni, le poivre et le sel. Portez du bon vin rouge à

---

un faisan	*chalotes*
Armagnac	*tomate*
1/2 litre de vin rouge de	*persil*
Bordeaux	*thym*
Porto	*laurier*
une tranche de ventrèche	*sel, poivre*
carottes	*graisse de canard*
oignon nouveau	*cèpes*

ébullition. Flambez quand il bouillira. Versez-le dans la cocotte. Laissez mijoter à couvert.

Encore de la graisse de canard au fond de la poêle où vont les cèpes. Epicez. Faites revenir et envoyez-les rejoindre les parties du faisan dans la cocotte.

Un petit verre de Porto en prime. Couvrez. Le tout va cuire une nouvelle demi-heure.

Le fond de sauce avec les carcasses a bien réduit. Passez au chinois. Ecrasez au pilon pour recueillir tous les sucs.

Versez cet extrait dans la cocotte. Mijotement respectueux, à couvert, trois quarts-d'heure.

Les galettes au foie gras et fumet de cèpes vieux

Broyez des blancs de poulet. Ajoutez deux blancs d'œuf, les lamelles de foie gras, la crème fraîche et le verre de Porto.

Malaxez tous ces ingrédients jusqu'à obtention d'une pâte crémeuse, mais pas trop longtemps pour ne pas "chauffer" le foie.

Faites revenir les cèpes émincés à la poêle, salés et poivrés à votre goût, du persil et de l'échalote.

Beurrez vos ramequins. Mettez-y une première couche de pâte, une couche de cèpes, une deuxième couche de pâte.

Donnez à cuire au bain-marie, à four moyen, jusqu'à ce que le dessus acquière une belle couleur dorée.

La sauce : préparez-la d'avance, car vous devrez compter une heure de cuisson.

Préparez le bouillon aux trois viandes. Versez-en deux bonnes louchetées dans une casserole et plongez-y un vieux cèpe. Un verre de Porto.

Liez votre restant de bouillon avec de la crème fraîche. Nappez vos galettes, démoulées de leurs ramequins, avec cette sauce au cèpe vieux.

Ouvrez grand les narines tout en servant la compagnie...

---

2 blancs de poulet
2 à 3 blancs d'œuf
100 gr de foie gras
2 à 4 cuillères à café de crème fraîche
1 verre de Porto

Les galettes de pommes de terre

Ayez une demi-douzaine de belles pommes de terre, épluchées, lavées, séchées au torchon. Les patates rouges longues sont préférables. Vous allez les râper tout pareil comme si c'étaient des carottes.

Vous hachez l'oignon, l'ail et les fines herbes.

Dans la terrine, mettez toutes ces patates râpées et ajoutez les œufs, le persil, le cerfeuil, la ciboulette, que vous allez bien mélanger pour obtenir une pâte lisse.

Dans une petite poêle, faites chauffer l'huile avec une noisette de beurre. Versez-y un peu de pâte ; juste assez pour faire une petite crêpe. Laissez-la dorer d'un côté. Retournez-la avec la spatule. Faites dorer l'autre côté. Mettez-la au chaud à l'entrée du four et préparez vos autres galettes. Le dessus doit être bien doré, former une croûte. Servez les affamés.

---

6 belles pommes de terre	*cerfeuil*
2 oignons	*huile*
3 gousses d'ail	*beurre*
2 œufs	*sel*
persil	*poivre*
ciboulette	*muscade*

La gigue de chevreuil à la broche

Laissez votre cuissot "attendre" au frais cinq à six jours.

La seule excellente façon de rôtir la gigue, c'est de la mettre en broche. Attention que cette broche ne soit pas trop grosse car elle provoquerait un échappement du jus trop grand par l'ouverture qu'elle pratiquerait dans les chairs. Si vous ne disposez que du four, il vous faudra poser votre gigue sur une grille dans le plat à rôtir, de façon qu'en aucune manière elle ne touche le fond du plat, car ce ne serait plus un rôti, mais une espèce de braisé mal cuit !

Incisez la chair de la gigue à la pointe du petit couteau à lame effilée et glissez de petits morceaux d'ail.

Massez la chair avec du gros sel, en abondance. Poivrez sans retenue.

Il vous faut un feu bien pris, en braises rouges et ardentes ; ou le four bien chaud si c'est au four, afin que la surface des chairs soit promptement saisie et en rissolant tout de suite, empêche la sortie du jus. Ce premier degré obtenu, il vous faudra modérer la chaleur, en éloignant le rôti, parce que vous auriez une viande trop cuite et dessechée extérieurement, tandis que l'intérieur resterait rouge et saignant. Au four surtout, surveillez bien, la chaleur étant plus enveloppante. D'une façon générale, la chaleur doit aller en diminuant vers la fin de la cuisson.

---

un cuissot de chevreuil
ail
gros sel
poivre
graisse de canard

Badigeonnez régulièrement avec de la graisse de canard.

Votre temps de cuisson sera d'une heure et quart à une heure et demie pour une gigue de chevreuil de quatre à six livres.

Au moment de servir, saupoudrez de sel et de poivre. La sauce venaison se passe à part, en saucière ; celle de la grand'mère que vous avez retrouvée au grenier.

En cas d'anniversaire d'un invité, mettez une papillotte tricolore au bout du manche de la gigue...

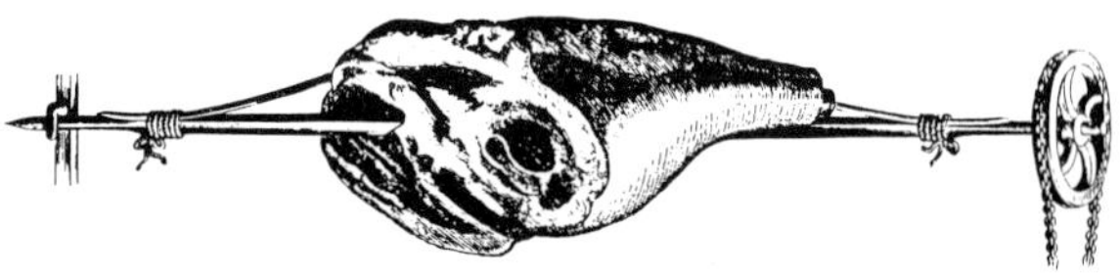

La gigue de chevreuil sauce grand veneur

Et tout d'abord, la marinade avec ses rondelles de carottes, ses lamelles d'oignons, trois ou quatre échalotes, cinq gousses d'ail, quatre baies de genièvre, trois clous de girofle, de la noix muscade râpée, les épices et le bouquet, sans s'oublier le persil. La marinade attend un vin rouge corsé, très bouqueté.

Mettre la gigue à mariner au moins vingt quatre heures ; quarante huit heures ne seraient que mieux.

Le moment venu, sortir la gigue de la marinade et la larder de ventrèche et de jambon de pays en incisant la chair avec la pointe d'un petit couteau et en glissant de petits bouts de ventrèche et jambon dans la chair.

En Gascogne, on n'entoure pas la gigue de bardes, mais on la badigeonne de graisse de canard ; tout bon Gascon a dans ses réserves des toupines de grès remplies de graisse de canard, recueillie au moment de la confection des foies et confits (voir à ces recettes).

Poivrer et saler généreusement la gigue en la massant pour faire pénétrer les condiments.

gigue de chevreuil	*persil*
2 carottes	*vin rouge corsé*
4 oignons	*bardes*
échalotes	*ventrèche*
5 gousses d'ail	*jambon de pays*
quelques baies de genièvre	*sel*
clous de girofle	*poivre*
noix muscade rapée	*un bon bouillon préparé*
sel	*avec viandes de porc, veau*
poivre	*et bœuf*
thym	*gelée de groseille*
laurier	*crème fraîche*

Cuire à four chaud, comme un gigot de mouton ou un rôti. Pour vérifier la cuisson, piquer la pièce profond avec un couteau fin et pointu ; laisser la lame trois secondes dans la chair ; sortir le couteau et le porter aux lèvres : si la lame est froide, la cuisson est insuffisante ; si la lame est chaude, la viande est cuite à point.

Sauce grand veneur :

Verser la marinade dans une casserole ; chauffer et faire réduire de moitié. Recueillir les légumes et les passer à la moulinette ; les remettre dans la casserole. Ajouter du bon bouillon chaud (Maïté le fait avec trois viandes, bœuf, veau et jambon, et les légumes d'un pot au feu). Ajouter environ 50 % de bouillon par rapport à la marinade réduite. Réduire encore à petit feu. Puis ajouter deux bonnes cuillerées à café de gelée de groseille.

Au moment de servir, hors du feu, ajouter deux cuillerées à soupe de crème fraîche.

La grive fourrée au foie gras

A la saison des vendanges, procurez-vous une belle grive, ou même plusieurs. C'est à ce moment que la grive est dans toute sa saveur, avec tous ces raisins qu'elle a picorés, pour s'enivrer de leur suc. Remarquez, si toutes les grives ne sont pas dans les vignes, elles se nourrissent avec des graines de genièvre qui vont leur donner aussi un arôme décisif.

Plumez cette grive, videz-la bien délicatement. Salez et poivrez-la, à l'intérieur comme à l'extérieur. Le fin du fin, c'est de la rouler dans vos épices, pour que sel et poivre adhèrent bien à la chair.

Fourrez la grive avec un joli morceau de foie gras de canard, cru, salez et poivrez de nouveau. Comprimez bien le foie et ajoutez un grain de raisin blanc, pelé et épépiné. Croisez les pattes de l'oiseau. Attachez les avec une ficelle fine.

Dans la cocotte, de la graisse de canard est en train de fondre. Mettez-y votre grive et laissez-la se dorer tout partout. Retirez-la et gardez-la de côté. Toujours dans la cocotte, vous verserez un demi-verre de vin blanc liquoreux pour déglacer le fond de cuisson. Laissez réduire à petit feu. Ajoutez des grains de raisin, du blanc, pelés et épépinés. Alors, vous laissez mijoter quelques minutes. Posez votre grive, ou même plusieurs, tendrement, sur ces grains de raisin. Couvrez la cocotte et faites mijoter une dizaine de minutes. Au moment de servir, n'oubliez pas de rappeler aux invités que l'oncle de Napoléon, le cardinal Feschi, était un grand gourmand de grives qu'il faisait venir de Corse !

---

grive	*à gros grain*
sel, poivre	*graisse de canard*
foie de canard cru	*vin blanc doux*
raisins blancs	*Sauternes ou Barsac)*

Les haricots blancs de Maïté

Profitez de la période des haricots frais qui commence vers la fin août. Une fois écossés, jetez-les dans la casserole avec de l'eau salée et un oignon, le bouquet de persil, la couenne, le cou, ou la tête d'un canard confit. Ajoutez la brindille de thym, la feuille de laurier, du poivre. Ecrasez une gousse d'ail dont vous aurez quitté le germe.

A la poêle, faites revenir des petits cubes de ventrèche, qui vont fondre en dorant. Versez dans la casserole.

Goûtez. Salez si besoin est.

Couvrez et laissez mijoter jusqu'à ce que vos haricots blancs soient devenus un peu fondants.

Pour être excellent, le haricot blanc doit fléchir sous la pression de votre doigt quand vous l'égoutterez.

---

haricots en grains (en hiver, les faire tremper la veille)
serpolet
thym
oignon
ventrèche
couennes de canard confit
sel, poivre
graisse de canard

Les heureuses surprises au foie gras

Tenez ! Commencez par la pâte à choux...
Faites bouillir dans une casserole un demi-litre d'eau avec quelques pincées de sel, le beurre, du zeste de citron râpé et, d'un seul coup, toute la quantité des trois cents grammes de farine.

Laissez cuire le tout en tournant, avec vigueur, à la cuillère en bois. Tout en tournant, mêlez-y, un après l'autre, huit œufs en entier.

Tournez toujours pour que le mélange soit aussi complet que possible. La pâte à choux ne doit être ni trop molle, ni trop dure. Elle doit se détacher de la casserole, sans regrets.

Badigeonnez la plaque du four avec le pinceau trempé dans l'huile ; mais la plaque est sortie du four. Déposez dessus des boules de pâte, de la grosseur que vous voulez.

Maintenant, réintégrez la plaque dans le four, bien chaud. Laissez cuire vingt minutes. Après, les choux sèchent, four grand ouvert.

Le moment est venu de faire la préparation de la sauce.

Prenez deux louches du bon bouillon que vous avez préparé la veille et qui est bien dégraissé. Si possible, faites toujours le bouillon aux trois viandes : veau, bœuf et porc, avec tous les légumes.

Dans ces deux louchetées de bouillon, versez un verre de Porto et vos cèpes coupés en morceaux. Laissez réduire un peu moins d'une heure. Quand la sauce sera bien réduite, ajoutez-lui

un bon bouillon	*1/2 l d'eau*
cèpes	*sel*
Porto	*8 œufs*
125 g de beurre	*foie gras (ou mousse de foie gras)*
300 g de farine	

de la crème fraîche.

Malaxez le foie gras, mi-cuit, ou à défaut, de la mousse de foie gras, avec de l'Armagnac et du beurre, de façon à obtenir une pâte onctueuse, souple.

Emplissez les choux de cette farce, en les perçant par en-dessous, avec la poche à douille prévue pour cette opération délicate.

Servez les heureuses surprises froides, avec la sauce bien chaude...

Hmm ! Si toutes les surprises étaient aussi bonnes !

Les huîtres à la ménagère

Epluchez de l'oseille et des épinards. Lavez-les avec soin. Egouttez.

Faites fondre l'oseille dans une noisette de beurre.

Blanchissez vos épinards. Egouttez-les. Rincez à l'eau froide et hachez-les.

Au tour de la sauce hollandaise : mettez un jaune d'œuf dans une petite casserole et versez-y le vinaigre. Cette casserole trouve sa place au bain-marie, et vous allez travailler cette hollandaise, avec obstination, en lui incorporant progressivement le quart de beurre. Elle doit obtenir la consistance d'une mayonnaise. Laissez-la se refroidir.

Confectionnez de tout petits dés d'oignon et de poivron vert. Faites les transpirer dans du beurre chaud. Incorporez du poivre vert concassé. Mouillez au vin blanc sec. Cherchez une réduction des trois-quarts.

Le moment est venu d'ajouter les épinards, l'oseille et la crème. Donnez un bouillon.

A l'écart du feu, faitez le mélange avec la hollandaise refroidie et le jus d'un demi-citron.

Au dernier moment, ouvrez les huîtres. Les mollusques bivalves ouverts d'avance, c'est une honte de la barbarie !

Déposez les huîtres dans un plat creux ornementé d'un tapis d'algues pour assurer

---

Huîtres
1 oignon
1 poivron vert
250 gr d'oseille
250 gr d'épinards
1/2 décilitre de vin blanc sec
1 d/l de crème
1 jaune d'œuf
poivre vert
sel
poivre
1 cuillerée à dessert de vinaigre
175 gr de beurre
1/2 citron

---

l'équilibre des coquilles. Mettez au jour, à feu moyen, pas plus de cinq minutes, pour que les huîtres tiédissent, mais ne cuisent pas.

Extirpez le plat. Une cuillerée de votre préparation dans chaque coquille.

Passez au four, très chaud cette fois, quelques secondes. Servez aussitôt.

Dégustez en fermant les yeux. Vous entendrez les vaguelettes du Bassin qui murmurent sous la coque des pinasses quand les parqueurs s'en retournent avec leurs panetières gonflées de coquilles...

Le lièvre façon Maïté

L'honnête homme qui tient à honorer ses invités de ce plat parmi les plus recherchés de notre cuisine gasconne, de ce présent gastronomique incomparable, doit être chasseur et trouver, au bout de son fusil, l'animal réunissant les quatre conditions exigées : lièvre mâle, au poil roux, pesant de cinq à six livres et tué assez proprement pour ne pas avoir perdu une goutte de sang...

Malheureusement, tout honnête homme n'est pas chasseur. Infortunément, le lièvre ne remplit pas toujours les quatre conditions exigées, particulièrement la dernière !

Dépouillez votre lièvre et videz-le. Son cœur, son foie, ses poumons sont mis à part.

Découpez-le au hachoir. Prélevez dans les cuisses des petits filets qui serviront pour la préparation d'une terrine.

Occupez-vous de la marinade : oignons, ail, échalotes, feuille de laurier, deux baies de genièvre, deux clous de girofle, de la noix de muscade râpée, le brin de thym, les feuilles de persil, deux carottes de taille ordinaire coupées en quatre. Sel et poivre en quantité suffisante.

Disposez les morceaux du lièvre dans cette marinade et videz une bouteille d'un très bon vin rouge (Bordeaux ou Bourgogne). 48 heures plus tard, la marinade aura pris une couleur violacée.

---

un lièvre	*thym*
oignons	*carottes*
échalotes	*sel, poivre*
ail	*vin rouge*
laurier	*graisse de canard*
une ou 2 baies de genièvre	*ventrèche*
2 clous de girofle	*jambon de pays*
noix muscade	*Armagnac*

Vous placerez les morceaux de chair dans une cocotte en fonte ou dans une daubière, bien essuyée au préalable. Vous mettrez sur le feu et laisserez mijoter dans une cuisson douce, régulière et continue.

Pour ne pas rester inactif, voire inactive, vous mettez une farce en chantier : de la ventrèche, épicée et aillée, du maigre de jambon de pays, passés au hachoir à grosse grille. Quand la viande aura bien pris couleur, vous la poussez, gentiment, d'un côté de la cocotte ou de la daubière et ajoutez le hachis que vous laissez fondre de l'autre côté de la cocotte, à découvert, tout doux, tout doux.

Versez de l'Armagnac flambant dans la cocotte. A l'extinction de la flamme, allongez du vin de la marinade. Laissez s'effectuer la cuisine une heure durant, cocotte ou daubière couverte. Votre œuvre ne sera achevée que lorsque la sauce sera suffisamment liée, jusqu'à ressembler à une purée.

Si par bonheur, vous aviez le sang du lièvre, précieusement recueilli, vous l'auriez ajouté, en dernière opération, pour l'achèvement de la sauce...

Servez en assiette chaude.

Portez un double toast : à la santé du chasseur qui aura tué proprement ce lièvre ; à la santé posthume de l'animal aux longues oreilles !

La marinade de haut goût

Cette marinade, c'est un assaisonnement dans lequel vous laisserez reposer, plus ou moins de temps, vos gibiers avant de les mettre à cuire.

Cette marinade vous relève le goût de la viande, de toutes ses substances. Il vous faut mariner la viande dans de la faïence ou du grès.

Piquez votre pièce de viande, à la pointe effilée du couteau, pour que la marinade l'imprègne davantage.

Dans une grande casserole, faites revenir au beurre ou à l'huile d'olive : les oignons, les échalotes, les carottes, le céleri, la queue de persil ; le tout émincé. N'oubliez pas les gousses d'ail écrasées.

Mouillez avec cinq parties d'un bon vin rouge, trois parties de vinaigre de vin, une partie d'huile d'olive.

Ajoutez le thym, le laurier, la girofle, les baies de genévrier, le poivre en grains, le basilic et le romarin.

Dans la modération, vous pouvez ajouter : l'estragon, le coriandre, le macis et la marjolaine. Le macis, c'est l'écorce de la noix muscade.

Faites bouillonner doucement cette marinade pendant quelques instants. Attendez qu'elle refroidisse complètement. Versez-la sur votre viande couchée dans la grande terrine.

De temps en temps, vous retournerez la pièce de gibier dans sa marinade de haut goût.

---

oignons	*ail*
échalotes	*vin rouge*
carottes	*vinaigre*
céleri	*huile d'olive*
persil	*herbes et épices*

L'oiseau de Flore en salmis

Les chichiteux disent que le faisan c'est un oiseau de Flore parce que c'était la déesse des fleurs et des jardins ; alors, les plumes du faisan sont aussi belles que les fleurs du jardin!

Le faisan de Flore peut s'accommoder de bien des manières et aller sur les tables les plus augustes : faisan aux choux, faisan à l'étouffade, à la bohémienne, braisé... Vous allez vous mettre en cuisine pour le préparer en salmis.

Coupez-le en morceaux et rangez-le dans la cocotte où vous avez mis de la graisse de canard grésillante. Laissez bien dorer tout partout. Envoyez les épices. Dans une autre casserole, vous avez mis vos débris de faisan; ajoutez-y quatre échalotes, un zeste d'orange amère, une demi-gousse d'ail, des petits cubes de ventrèche. Versez ce hachis dans la cocotte ; laissez-le s'affaisser. Alors, vous mettez les champignons de Paris coupés en petits morceaux.

Faites chauffer du bon vin blanc. Flambez-le. Versez dans la cocotte et touillez bien comme il faut avec la cuillère de bois. Couvrez. Laissez mijoter une demi-heure.

Cinq minutes avant la terminaison de la cuisson, ajoutez ail et persil, hachés fin.

Quand vous dresserez vos morceaux d'oiseau de Flore sur un plat, n'oubliez pas d'entremêler le tout de croûtons passés dans la sauce de cuisson.

---

un faisan pas trop jeune	*ail*
graisse de canard	*ventrèche*
sel	*champignons de Paris*
poivre	*vin blanc sec*
oignon	*persil*
échalote	*ail*

L'ortolan

Le roi des gibiers... un gibier de Rois, dit Maïté. Et elle ajoute :

"C'est un oiseau merveilleux qui n'est comparable à rien ; un petit oiseau que tout le monde peut se permettre de manger ; un oiseau rare que l'on attrape en août avec de petites trappes ; un petit oiseau que l'on met dans une cage. Le jour, on lui donne du millet ; la nuit, on allume la lumière pour qu'il mange aussi ; cela pendant peut-être quinze jours. Ensuite, pour le tuer, certains lui ouvrent le bec et lui font avaler une cuillerée d'Armagnac... il s'endort et s'étouffe dans son sommeil sans souffrir".

On le prend délicatement, on ne le vide pas. Saler et poivrer ; tapoter pour que sel et poivre adhèrent bien à la peau. Poser l'oiseau dans un ramequin et mettre au four sept minutes.

Pour le manger, prendre une serviette fine qui permettra de masquer le visage pendant la dégustation ; cela parce que l'oiseau se mange très chaud et qu'il est très gras et, quand on le déguste, la graisse coule... ce qui n'est pas élégant !

On prend l'ortolan par le bec, on le met en contact avec la joue pour mesurer la température ; quand elle semble supportable, on suce le derrière de l'oiseau en aspirant, pour en recueillir tout le bon suc parfumé, puis on met l'oiseau tout entier dans la bouche, sauf la tête, que l'on détache avec les dents : "C'est bon, c'est délicieux, c'est supérieur à tout, ce n'est comparable à rien" répète Maïté derrière sa serviette fine en lin blanc, les yeux mi-clos, savourant son régal..."

N.B. La chasse des ortolans est aujourd'hui interdite. En raison de son caractère historique et traditionnel, cette recette a été réalisée pour les caméras de FR3 Aquitaine à titre d'archives historiques.

Les palombes rôties à la broche

Comme dit notre dicton gascon : "A la Saint-Luc, le grand truc". La Saint-Luc, c'est le 18 octobre. Ce jour-là, c'est le plus gros passage des palombes qui s'en vont vers l'Espagne se mettre au chaud. Alors, un peu avant, un peu après, trouvez-vous de ces pigeons ramiers sauvages pour les mettre rôtir à la broche. Si vous n'en avez pas, faites-vous inviter !

Donnez la préférence aux palombes jeunettes. Les plus vieilles doivent aller au salmis. Plumez-les et coupez-leur les ailes. Salez et poivrez en tapotant tout partout sur la peau.

Mettez la palombe en broche, ou plusieurs, si vous avez ce bonheur.

Un quart d'heure à vingt minutes d'exposition giratoire devant les braises doivent suffire. Flambez au gras de jambon paysan fondant dans le capucin chauffé à blanc.

C'est tout simple, mais c'est si bon !

---

palombe
sel
poivre
un morceau de gras de jambon

Les papillotes de notre océan aux girolles de notre forêt

Ouvrez les huîtres. Détachez-les. Recueillez leur eau dans un bol et gardez la précieuse chair dans cette eau marine.

Découpez les poireaux en bâtonnets de cinq centimètres. Faites fondre un peu de beurre pour ces bâtonnets potagers. Arrosez-les de vin blanc sec et de l'eau de mer des huîtres. Réduisez ce liquide aux trois-quarts.

Décortiquez vos langoustines sans abîmer leur chair.

Ouvrez les coquilles Saint-Jacques, en glissant une lame souple de couteau sous la coquille sans taillader la noix, le peigne et le pecten. Vous savez que la coquille de Saint-Jacques est un fort estimable mollusque bivalve qui nage dans la mer et qui vous a des effluves de rêve. Blondie au beurre pommade, quand sa noix se craquèle, se dore, et que vous voyez, extasiés, sourdre entre les branches de persil haché, une sueur frémissante qui oindra vos papilles en famille !

Au fait ! Gardez le meilleur des coquilles : la noix, le rouge et la partie frisée des bords.

Levez les filets de vos poissons.

Préparez les papillotes en bandelettes de papier aluminium. Sur la face brillante des bandelettes, déposez :

---

huîtres	*vin blanc*
langoustines	*beurre*
coquilles Saint Jacques	*poireaux jeunes*
saumon	*girolles*
lotte	*sel*
truite	*poivre*

- quatre fines escalopes, coupées dans les filets de poissons,

- trois intérieurs de coquilles Saint-Jacques,

- trois langoustines artistiquement décortiquées,

- une double noix de beurre. Sel et poivre.

Fermez la papillote. Cuisez cinq minutes à four chaud.

Pendant la cuisson des papillotes, pochez les huîtres dans leur restant d'eau, sans bouillir, deux minutes environ.

Faites sauter vos girolles jaune d'œuf dans un peu de beurre avec les fines herbes.

Ouvrez les papillotes sans vous cramer les doigts. Faites la disposition sur votre plat : girolles et huîtres au milieu, papillotes en étoile, bordées d'algues de mer (facultatif, si vous n'habitez pas devant la plage).

Il y a des gens qui racontent que Proust raffolait des petites madeleines. Hé bé ! Ça se connaît qu'il connaissait pas les papillotes de notre Océan aux girolles de notre forêt landaise !

Le pâté de cèpes en croûte au fumet de cèpes vieux

Coupez une tranche de beau jambon de pays. Préférez celui qui a plusieurs mois de séchage. Faites des petits dés avec cette tranche. Jetez les dés dans la graisse de canard fondue à la poêle.

Ajouter les échalotes coupées menu. Ça doit fondre.

Mettez vos cèpes en morceaux dans la poêle. Epicez. Un petit saupoudrage de thym. Laissez cuire. Ça doit sentir l'automne dans votre cuisine !

Etalez une pâte feuilletée et tapissez le fond d'une petite terrine avec cette pâte.

Remplissez la terrine avec :

une couche de cèpes, échalotes, et dés de jambon,

une jolie tranche de foie gras de canard, frais,

une couche de cèpes,

une autre jolie tranche de foie gras (des minces tranches, pas des entrecôtes).

Superposez selon la hauteur de la terrine. Faites la terminaison avec une couche de cèpes.

Battez un jaune d'œuf, à la fourchette. Un peu d'eau. Badigeonnez au pinceau le bord de la pâte feuilletée, tout autour de la terrine.

Découpez un couvercle dans le restant de la pâte. Posez ce couvercle sur le dessus de la terrine, en faisant bien adhérer les bords. Le jaune d'œuf va servir de "colle".

---

foie gras de canard cru	*cèpes*
une tranche	*sel, poivre*
de jambon de pays	*thym*
échalotes	*un œuf*

Badigeonnez le dessus du couvercle avec ce jaune d'œuf.

Faites de la décoration en dessinant des croisillons légers avec le dos d'une lame de couteau.

Mettez au four chaud, environ un quart d'heure.

A table, vous allez respirer le goût même de la forêt, toutes les sèves du sol, tout l'arôme des feuillages !

La perdrix au chou

A une époque, quand même loin de nous, quelqu'un apporta des perdrix en France. Chez lui, dans une île en Grèce, il y en avait tellement et domestiquées que les habitants en avaient des troupeaux qu'ils conduisaient aux champs, comme nous, en Gascogne, on conduit les oies au pré !

Si vous ne connaissez pas la différence entre la perdrix et le perdreau, c'est que la dernière grande plume de l'aile d'un perdreau est pointue, et que celle de la perdrix est ronde...

Plumer les perdrix : les prendre dans la main gauche par les deux ailes relevées et commencer en plumant le corps. Vider les oiseaux.

Faire fondre dans une cocotte de la graisse de canard et faire dorer la perdrix sur toutes ses faces ; laisser cuire en surveillant environ vingt minutes.

Laver un joli chou à l'eau vinaigrée. Rincer à l'eau claire, égoutter. Blanchir le chou en le plongeant environs cinq minutes dans de l'eau bouillante salée. Egoutter.

Sortir les perdrix de la cocotte. Mettre dans le jus de cuisson un bon lit de chou et laisser fondre doucement cinq minutes à découvert en ajoutant un peu de poivre.

Poser les oiseaux sur le lit de chou et laisser cuire encore un bon quart d'heure.

Pour vérifier la cuisson, piquer légèrement la chair de la perdrix avec un petit couteau ; si la goutte qui sort est rose, la cuisson est insuffisante ; il faut la poursuivre un peu.

---

perdrix
graisse de canard
un chou
sel
poivre

Les petits pâtés feuilletés aux huîtres

Ouvrez les huîtres et prenez grand soin de conserver leur eau dans une casserole. Passez cette eau de mer au tamis fin.

Pochez les huîtres dans leur propre liquide.

Faites réduire l'eau ensuite, environ de moitié.

Préparez une petite Béchamel, bien épaissie. Ajoutez-y la réduction d'eau de mer et liez avec un ou deux jaunes d'œuf pour obtenir la consistance voulue.

Imaginez-vous qu'une seule huître va se pondre jusqu'à trois millions de naissains ! A l'école, on apprenait une poésie sur l'huître :

Nue au lit nacré et perle où son cœur vert se caille,

Suave chair marine, encore palpitant,

S'offre l'huître vivante en sa coupe d'écaille.

humez, buvez, mangez, elle est tout l'Océan...

C'est pas tout ! Faites la pâte feuilletée. Etalez-la assez mince et découpez les rondelles de la taille d'un verre à moutarde. Sur chaque rondelle, poser une huître ; mouillez d'un peu de sauce. Etalez une autre couche de pâte et pincez les bords, comme pour les souder.

Dorez les petits pâtés de jaune d'œuf. Le mieux, c'est de tremper un pinceau dans la "dorure" et de le passer, artistiquement, sur chaque dessus de petits pâtés.

Mettez à cuire dans le four très chaud, une dizaine de minutes.

---

huîtres	*jaunes d'œufs*
farine	*pour la pâte feuilletée :*
beurre	*farine*
sel, poivre	*même poids de beurre*
lait	*eau*
pâte feuilletée	*sel*

Les pommes de terre farcies aux cèpes

Prenez de belles, bonnes, grosses pommes de terre, et mettez-les au four, une heure durant, sans les avoir épluchées.

Prenez-vous de jolis cèpes joufflus. Coupez-les en lamelles et faites-les revenir à la poêle. Epicez.

Faites la persillade en écrasant des gousses d'ail du plat de la lame d'un couteau. Quittez toujours leur germe. Ajoutez le beau bouquet de persil. Hachez fin.

Coupez le dessus de vos tubercules pour faire couvercle. Mettez de côté. Creusez la patate avec la cuillère à café sans trouer la peau.

Ecrasez la chair à la fourchette en bois. Salez. Poivrez.

Jetez assez de cèpes dans une poêle. Mélangez à la cuillère de bois, sur petit feu. Allez-y pour la persillade. Laissez fondre un moment.

Remplissez les belles, bonnes, grosses pommes de terre décapitées avec votre mélange. Coiffez-les de leur couvercle.

Mettez au four dix minutes.

Servez brûlant.

En fait, on ne devrait pas dire patate pour pomme de terre. C'est pas pareil !

---

grosses pommes de terre	*sel*
cèpes	*poivre*
graisse de canard	*persil*
	ail

Les recettes de cèpes en bocal

Des cèpes, vous en avez tout plein d'espèces comestibles, mais c'est par l'observation du pied du champignon que vous en connaîtrez le plus sur lui et sa famille. Préférez ceux qui sont obèses du pied qui va être plus large que la tête ! Et puis vous avez aussi leurs odeurs. Alors, vous avec le cèpe de Bordeaux, la tête de nègre, le réticulé, le bolet de pins à pied rouge, le jaune, l'orangé... La discussion entre les chercheurs de vrais cèpes et de faux cèpes n'est pas près de se terminer !

Si vous trouvez des cèpes de Bordeaux ou des têtes de nègres, ne manquez pas l'occasion de vous baisser pour les ramasser.

Première recette : coupez les queues, pelez-les et, suivant la grosseur, tranchez-les en lames de un ou deux centimètres. Essuyez soigneusement les têtes avec un linge. Mettez têtes et queues en rondelles dans la poêle avec de l'huile chaude. Gardez-les cinq minutes dans cette poêle.

Disposez vos cèpes dans un bocal. Capsulez et fermez. Faites stériliser vingt minutes après ébullition de l'eau.

Deuxième recette : même opération que précédemment. Plongez têtes et queues cinq minutes dans l'eau bouillante. Egouttez. Laissez-les refroidir. Disposez dans le bocal. Ajoutez de l'eau salée (soit une cuillère à soupe de gros sel pour un litre d'eau).

Troisième recette : même opération que précédemment. Têtes d'un côté, queues de l'autre. Faites chauffer au four pendant sept minutes. Sortez les cèpes. Laissez refroidir. Disposez-les dans le bocal sans rien y ajouter. Faites stériliser 90 minutes à compter de l'ébullition.

Ris de veau au Sauternes et au foie gras

Les deux glandes que le veau a sous sa gorge, la noix et la gorge, c'est ça les ris de veau. Chez nous, aussitôt que le veau était sorti du ventre de sa mère, on lui répandait du sel et des miettes de pain sur tout le corps pour que la vache soit excitée à le lécher. Et puis, à ce jeune veau, on lui faisait avaler un jaune d'œuf cru, pour le fortifier. Plus tard, on avait un fort veau !

Faites de belles escalopes de ris de veau que vous mettrez à dégorger dans l'eau froide, une heure ou deux, que vous rincerez avec soin, pour qu'elles se rapprochent du blanc idéal.

Préparez une mirepoix et faites fondre dans un petit peu d'huile.

Epicez les escalopes de ris de veau, élevé sous la mère, s'il vous plaît. Allongez-le sur la mirepoix. Laissez prendre couleur, à feu moyen. Ajoutez le brin de persil, le thym, la feuille de laurier, la tête d'ail haché ; si vous voulez, un peu de tomate concassée. A réduire.

Versez un grand verre de Sauternes glorieux sur les ris et autant de bouillon. Ce vin de Sauternes, c'est un rayon de soleil concentré dans un verre !

Mettez à four chaud :
10 minutes à découvert,
20 minutes à couvert.

---

ris de veau	*laurier*
carottes	*poireau*
oignons	*tomate*
céleri rave	*ail*
huile	*Sauternes*
sel	*bouillon corsé*
poivre	*au fond de veau*
persil	*jus de truffe*
thym	*mousse de foie gras*

Enlevez les ris et réservez-les au chaud.

Passez vos légumes au chinois. Bien écraser. Laissez faire la réduction du jus. Ajoutez de la crème fraîche, du jus de truffe, des entames de foie gras.

Naturellement, pour cette recette du ris de veau au Sauternes et au foie gras, si votre escarcelle est en platitude, vous pouvez supprimer les deux options : jus de truffe et foie gras.

C'est quand même préférable que votre escarcelle soit enceinte !

Ris de veau au fumet de cèpe vieux

Il y a plusieurs manières de vous préparer les ris de veau, ces deux estimables glandes du fils de la vache.

D'abord, préparez le bon bouillon aux trois viandes du bœuf, du veau et du porc. Avec les légumes, le bouquet garni et les épices, vous donnez deux heures de cuisson à ce bouillon.

Ensuite, plongez les ris dans le bon bouillon. Quand ils réapparaîtront à la surface, au milieu des yeux du bouillon, ils seront cuits.

Laissez-les tiédir. Dégraissez-les et quittez-leur la peau. Vous en faites des lamelles que vous sauterez dans un peu de beurre.

Pour le fumet de cèpe vieux, versez du bouillon dans une casserole, et puis un verre de Porto ; au tour du cèpe vieux. Si vous en avez plusieurs du troisième âge, c'est encore mieux ! Laissez cuire une demi-heure. Envoyez la crème fraîche...

Ces cèpes vieux vont ont une manière d'exprimer leur jus, que c'est le délice !

Enfin, vous ornementez le plat avec ces ris de veau que vous allez napper avec le fumet ; d'un seul coup, vous avez toute la forêt des Landes, avec ses senteurs d'automne, qui vous envahit la cuisine !

---

pour le bouillon :	*sel, poivre*
bœuf	*persil*
veau	*thym*
porc	*laurier*
carottes	*ris de veau*
navets	*Porto*
poireaux	*cèpes*
oignon	*beurre*
clous de girofle	*crème fraîche*

Le salmis de palombes

Dans toutes nos Landes forestières, on chasse avec passion ces palombes aux luisantes plumes bleues et mauves, qui nous arrivent du Nord dès l'automne. Dans leurs cabanes de brandes et de fougères, les hommes attendent le passage des oiseaux sauvages avec une joie fiévreuse qu'on ne peut pas ressentir si on n'est pas d'ici...

Plumée et vidée, la palombe d'octobre est tranchée en quatre. Tous ces morceaux vont dans la cocotte où frissonne de la graisse de canard. Ils prennent la couleur dorée sur toutes leurs faces, avant de mijoter. Epicez-les.

Faites le hachis de jambon, ventrèche, ail et oignon.

Sortez les quatre morceaux de la cocotte. Mettez le hachis dans la cocotte et laissez le fondre dans le jus.

Attrapez une bouteille de vin rouge vieux. Pourquoi pas un de ces Graves qui a des arômes de résine et de bois de cèdre ou un autre avec des brillances grenat, qui vous a des arômes de cannelle, de réglisse et de violette. Meilleur est le vin, meilleur sera le salmis !

Amenez le vin au bouillonnement. Flambez-le et versez-le dans la cocotte accompagné de deux brins de thym et d'une feuille de laurier. Laissez faire la cuisson cinq minutes.

Remettez les quatre membres de la palombe en cocotte, une heure de légers frissons, à couvert.

---

palombe	*oignon, ail*
graisse de canard	*vin rouge*
jambon de pays	*thym*
ventrèche	*laurier - sel - poivre*

Simple poule au pot

Des recettes de poule au pot Henvi IV, il doit y en avoir tout autant que de Gascons à l'époque du Vert-Galant ! On vous la sert avec un fond de crème, avec des champignons et autres accompagnements, des choux farcis... La poule au pot de chez nous ne se laisse pas aller à une trop grande fantaisie. Elle garde son caractère de familière simplicité... Elle est nature.

A part, le foie, le cœur et le gésier d'une poule pas trop grasse, que vous passez au hachoir, ainsi que le jambon de campagne, la ventrèche, l'échalote, l'ail dégermé, le persil et l'estragon.

Vous avez fait tremper la mie de pain dans du lait et vous avez passé aussi au hachoir. Epicez le hachis. Liez-le avec deux œufs entiers. Malaxez-vous le tout à la main.

Vous introduisez cette farce dans la poule. Cousez. Bridez. Attrapez un grand pot, plongez la poule farcie dans l'ébullition et laissez bouillir tout doucement après avoir ajouté les os de bœuf et de veau, les légumes et la croustille de porc. Trois bonnes heures suffisent à cuire cette vraie poule au pot de nos fermes, qui vous fera l'entrée d'un bon repas gascon.

Pendant ce temps, préparez-vous une sauce...

---

2 échalotes
200 g de plat de côtes
12 tomates moyennes
1 œuf
1 oignon moyen
1 c. à soupe de persil ciselé
1 c. à soupe d'huile d'olive
2 gousses d'ail
750 g de jarret de veau cuit en pot-au-feu
1 kg de pommes de terre
2 échalotes
12 cl d'huile d'olive
5 cl de vinaigre de vin vieux
une pincée de sel
une pincée de poivre
1 c. de crème fraîche

La sauce poulette : faites un roux blond avec une grosse noisette de beurre et une cuillerée de farine. Laissez mousser. Montez la sauce avec du bouillon bien dégraissé. Assaisonnez de sel, poivre, pincée de muscade, bouquet garni. Liez. Au dernier moment, ajoutez un jus de citron et un jaune d'œuf battus. Laissez réduire à petit feu.

La sauce tomate : faites fondre l'oignon coupé fin et la gousse d'ail écrasée. Et puis au tour des tomates pelées, coupées en deux et pressées légèrement pour en sortir les graines. Complétez avec le bouquet.

Faites réduire en remuant de temps en temps. Cette réduction obtenue, passez-la à lamoulinette. Goûtez l'assaisonnement. Peut-être, un morceau de sucre pour atténuer une légère acidité.

Attaquez cette poule après vous être mis en appétit avec du bouillon de sa cuisson, servi dans l'assiette à calotte, propice au chabrot...

Le sanglier en civet

C'est une vieille histoire avec le sanglier pour connaître s'il rend plus de services qu'il occasionne de méfaits ! Il piétine des moissons, arrache les maïs, les pommes de terre, s'attaque aux œufs de perdrix et de faisans. Bon ! il dévaste les champs. Mais on ne peut pas le cataloguer seulement comme nuisible. Voilà un animal qui est utile au forestier. Là où il y a du bois mort, des troncs menacés par ces insectes qui s'y installent, le sanglier rend des services et détruit tous ces insectes redoutables qui menacent la forêt.

Il conviendrait que vous trouviez un “page”. Généralement, les grands vieux sangliers qui ne vivent pas en solitaire, partagent la compagnie d'un mâle plus jeune. C'est lui le page.

Brûlez bien les poils qui adhèrent à la cuisse. Nettoyez-la du mieux possible. Désossez-la jusqu'à la jointure du manche.

Si vous avez le page tout entier, découpez-le dans sa longueur, au hachoir. Détachez-lui les côtes, les épaules. Débitez cette viande en morceaux de taille égale.

Préparez la marinade de haut goût. Dans la grande terrine : deux ou trois carottes en rondelles, deux oignons piquetés de clous de girofle, l'ail, les oignons coupés en tranches, les gousses d'ail, les échalotes, les baies de genièvre, le thym, du laurier, du basilic, du persil en branche, de la ciboule

---

2 ou 3 carottes
1 ou 2 oignons
ail
échalotte
laurier
thym
clous de girofle
baies de genièvre
noix muscade
vinaigre de vin
gros sel
poivre
graisse de canard
farine

---

entière, un peu de noix muscade râpée, du sel, du poivre fin, du poivre en grains, la cuillerée de vinaigre de vin vieux.

Déposez les morceaux de sanglier dans la terrine. Couvrez de vin rouge bien bouqueté et laissez mariner plusieurs jours, si vous avez le temps d'attendre.

Otez les morceaux du page de la terrine et épongez-les dans un linge blanc.

Faites fondre de la graisse de canard dans la cocotte, ou même dans un petit chaudron en cuivre, si vous avez la cheminée et la crémaillère. Ajoutez-y la viande en morceaux. Laissez faire la dorure.

Hachez de l'oignon, des échalotes, de l'ail. Faites prendre couleur dans la poêle. Versez dans la cocotte ou le petit chaudron. Une cuillerée de farine de froment et puis tout le liquide de la marinade de haut goût.

Laissez cuire à petit feu une bonne heure.

Laissez reposer ce civet jusqu'au lendemain. Cuisez-le encore une heure. Plus le page en civet réduit dans sa marinade, plus il est distingué...

Le sanglier en terrine

Mettez-vous en préparation d'une marinade relevée dont vous trouverez la recette page 104.

Taillez de fines escalopes sur le cuissot du sanglier et déposez-les dans la marinade.

Préparez une farce traditionnelle sans oublier le complément du petit verre d'Armagnac.

Quand vos escalopes auront mariné plusieurs heures, faites-les revenir à la poêle dans la graisse de canard.

Découpez d'autres fines escalopes, mais dans un beau foie de canard frais, cette fois. Epicez-les.

Nappez le fond d'une terrine d'une couche de farce. Recouvrez avec des escalopes de sanglier ; puis avec des escalopes de foie gras ; encore une couche de farce. Terminez avec un semis de fines herbes et couvrez le tout avec des lanières de barde découpées dans du gras de porc. La terrine étant coiffée de papier aluminium, faites cuire au bain-marie, trois quarts d'heure. Enlevez la coiffe et mettez à four chaud une demi-heure.

Laissez à cette terrine de sanglier le temps de refroidir. Nuisible ou utile, le sanglier a du bon !

Escalopes fines de sanglier, prélevées, à cru, sur un gigot
pour la marinade :
carottes
oignons
ail
échalote
laurier
thym
clous de girofle
baies de genièvre
vinaigre de vin
vin rouge corsé
noix muscade
gros sel
poivre
pour la farce :
oignon
gras de porc
jambon de pays
ventrèche roulée, salée et poivrée
armagnac
foie de canard gras cru
fines herbes

La soupe aux huîtres

Vous faites cuire en marmite les parures de vos poissons avec la compagnie de trois poireaux, cerfeuil haché, sel et poivre, et vous obtenez un fumet de poissons.

Vous faites fondre au beurre : un oignon, deux blancs de poireau, du céleri. Vous saupoudrez de farine. Vous épicez. Vous ajoutez un verre de vin blanc sec, tâtez d'un Jurançon sec, aux arômes subtils. Laissez faire le mijotement.

Ouvrez vos huîtres. Tenez ! Des fines de claire qui commandent le respect. Gardez bien leur eau. Passez cette eau au chinois et versez-la dans la marmite aux parures de poissons. Goûtez. Ajoutez du fumet de poissons, selon que vous souhaitez la dominante des huîtres, celle des poissons ou, seulement, un parfum léger avec dominante légumière.

Laissez cuire aux environs d'une heure.

Passez la soupe. Remettez-la en marmite. Mettez les huîtres que vous laissez pocher une seule minute.

Dans votre soupière, vous jetez un jaune d'œuf et deux cuillerées de crème fraîche. Aussitôt, vous versez la soupe aux huîtres. Mélangez au fouet et faites un saupoudrage de cerfeuil.

Servez chaudement.

---

fumet de poisson fait avec des parures de poissons blancs : soles, turbots, brochets ou autres...
poireaux
sel, poivre
cerfeuil haché
huîtres
vin blanc (entre mers)
cerfeuil
persil
échalotes
ail

La bécasse à la ficelle

Les gourmands et les gourmets vous donneront à entendre que c'est le rôti le plus distingué que vous puissiez offrir aux personnes d'une grande considération, et la plus haute marque d'estime et de respect que vous puissiez leur donner.

Votre bécasse doit être "attendue" à votre convenance, c'est-à-dire entre quatre et quinze jours dans un endroit très frais. Pas plus de 4 °. Elle arrive dans notre Sud-Ouest à partir d'octobre, et vous en trouverez quelques-unes en février. Gardez ceci en mémoire, que vous la préfériez entourée d'un rosaire d'ortolans, fourrée de foie gras et de truffes fraîches, en salmis, à la ficelle.

C'est décidé ? Vous allez essayer la bécasse à la ficelle. Ne videz surtout pas votre royal échassier. Attachez-le par le cou et pendez-le dans la cheminée, devant le tapis de braises, surtout pas de bois de pin ; du chêne ou de l'acacia.

Dans la lèchefrite qui doit recevoir le suc des entrailles, placez la rôtie de pain de campagne, fortement frottée d'ail.

La bécasse tourne toute seule. Attardez-vous en contemplation. Vous reconnaîtrez qu'elle est cuite quand elle commencera à rendre son intérieur sur la rôtie, vingt ou vingt-cinq minutes plus tard.

La bécasse demande à être peu cuite. Sa chair, quand vous la découperez, doit être rose.

Il se peut que vous vouliez la flamber au capucin chauffé à blanc, avec son morceau de gras de jambon du pays. Il se peut que vous préfériez la flamber à l'Armagnac, en compagnie de sa rôtie toute imbibée du fruit de ses entrailles. C'est votre choix !

Bécasse des bois à la broche

Vous avez plumé votre précieux oiseau ; peut-être même plusieurs si le luxe est avec vous...

Si vous vidiez la bécasse, ce qui ne doit pas se faire, incisez-lui la peau du cou, supprimez le jabot, qu'on appelle la poche. Ensuite, par l'estomac, retirez seulement le gésier. Tout de même, ne videz pas cette reine de la forêt !

Flambez l'oiseau, légèrement. Essuyez-le avec un vieux linge immaculé. Après quoi, troussez et bridez chaque bécasse. Croisez les pattes et ramenez la tête au long bec vers ses cuisses. Passez-lui le bec dans la jointure des cuisses. La bête doit paraître, transpercée par son long bec.

Embrochez-la sous les ailes, afin de ne pas léser les intestins. Chaque bécasse doit être embrochée en biais. Placez devant un feu vif. La viande de cet oiseau unique a besoin d'être saisie pour conserver tout son fumet.

Dans la lèchefrite qui doit recevoir le jus, vous placez une ou plusieurs rôties de pain de campagne, fortement frottée d'ail. Cette rôtie, manière d'éponge, boira toutes les déjections et le jus de la bécasse.

Prenez garde que la rôtie soit légèrement soulevée, sur une petite grille en fer, ou même sur une vieille fourchette, de façon qu'elle ne trempe pas. Si vous n'étiez pas assez précautionneuse, la rôtie se ramollirait de trop et perdrait sa consistance croquante.

En cuisine de campagne, il faut de dix-huit à trente minutes de cuisson, selon le goût de vos invités, et suivant le genre de feu que vous entretenez : broche au feu de cheminée, pas plus de trente minutes. Mieux vaut tenir votre bécasse saignante. Quand vous retirerez, à la petite cuillère, tout l'intérieur de la bécasse, vous l'étendrez sur la rôtie...

La bécasse en croûte au sel et au chou

Sur la planche de travail, répandez 500 grammes de farine et faites un puits au milieu. Versez dans le puits 200 grammes de sel gros et 100 grammes de sel fin. Cassez deux œufs, toujours dans le puits. Liez votre pâte avec un grand verre d'eau jusqu'à obtenir une boule bien souple. Laissez reposer au moins une heure.

Plumez avec respect la bécasse. Flambez lui ses derniers duvets. Au grand jamais, ne la videz pas !

Salez chichement et poivrez avec prodigalité cet oiseau unique. L'excès d'assaisonnement est une faute grave. La bécasse est un gibier d'une telle succulence, d'un tel fumet, qu'on devrait lui rendre les honneurs. Tenez, c'est une jouissance réservée aux dieux descendus sur la terre !

Reprenez vos esprits et faites fondre de la graisse de canard dans une petite cocotte. La cocotte est chaude, vous y faites revenir et dorer l'oiseau. Sortez-le.

Piquez la tête du volatile sous une aile et entourez-le d'une barde.

Il vous faut étaler la boule de pâte sur la planche pour en faire un tapis d'une épaisseur de un centimètre. Couchez-y, dévotement, la bécasse et enveloppez-la de pâte.

Au four moyen, laissez cuire cette bécasse vingt minutes durant.

---

une bécasse	*chou*
ventrèche	*farine, eau*
ciboulette	*200 gr de gros sel*
un œuf (ou deux, selon la grosseur)	*100 gr de sel fin*
	500 gr de farine
ail	*poivre*
une barde de lard	*graisse de canard*

Faites blanchir des feuilles d'un chou vert. Retirez-les de la casserole à l'aide de l'écumoire. Emincez-les.

Dans la poêle, des petits cubes de ventrèche rissolent. Les voilà fondus. Ajoutez-y le chou. Salez, poivrez. Attendez que le chou s'affaisse. Au moment de servir, vous saupoudrez de ciboulette hachée menue.

L'instant solennel est arrivé, de sortir la bécasse de sa maison de croûte que vous fendez avec délicatesse pour ne pas abîmer la locataire. Otez la barde.

Videz la bécasse de ses entrailles, religieusement, avec une cuiller à café. Etalez ces instestins sur la rôtie. Si vous êtes l'heureux propriétaire d'un "cocurond", le flamboir en fonte, chauffé à blanc, arrosez la bécasse et sa rôtie avec le suc d'un morceau de gras de jambon de pays, glissé dans le flamboir. Certains l'appellent le capucin...

Vous m'en donnerez des nouvelles !

La cuisine du canard

Si le canard n'a pas une page glorieuse dans la Bible, comme la colombe qui rapporta à Noé le rameau d'olivier, ou, dans l'Histoire, comme l'oie qui sauva le Capitole, il en a du moins une très remarquable dans le florilège des trésors de la gastronomie landaise. Le seul nom de ce palmipède domestique est évocateur de foie gras, de magrets, de confits et d'aiguillettes, "trésors, affirme le poète, qui sont une preuve de l'existence de Dieu !"

Maïté nous offre tous les parfums de ces ailes, de ces cuisses, de ces cous, de ces carcasses qui mijotent longuement au sein d'un lac de graisse bouillante, dans de grands chaudrons de cuivre, et ces corbeilles de foies luisants et frais dans leur blondeur embaumée...

Toutes les recettes de canard peuvent se faire avec de l'oie.

Les carcassous

C'est un mot bizarre mais vous pouvez dire "les demoiselles".

Chez nous, le carcassous, c'est tout ce qui reste du canard quand on lui a tout quitté ! Toujours, vous trouverez des petits filets de chair qui restent attachés après ses os.

Alors, vous coupez ce carcassous, ou demoiselle, avec votre hachoir. Vous écartelez les morceaux et les mettez à griller dans la cheminée.

A défaut, pauvres malheureux, faites-les revenir dans la sauteuse. Vous les arroserez d'une abondante persillade et les laisserez se parfumer, hors feu, une dizaine de minutes.

Le canard de Barbarie embroché

Vous avez toutes sortes de canards domestiques mais le plus gros, qui peut aller vous chercher dans les quatre-vingts centimètres de longueur, c'est le canard de Barbarie avec ses yeux bizarres entourés d'une peau nue, garnie de petits mamelons charnus, d'un rouge très vif, et marqués de petits points blancs. Sa chair est estimable, surtout si vous lui séparez la tête du corps et lui coupez le croupion avant de le mettre en broche ou au four.

Vous passerez au hachoir de la ventrèche, une tranche de veau, l'oignon, les échalotes et l'ail. Ce hachis va revenir à la poêle dans de la graisse de canard. Vous pouvez y ajouter des olives vertes, dénoyautées, et coupées en fines lamelles.

Votre canard ayant été plumé, vidé, flambé, bourrez-le de votre hachis et cousez-le, à petits points d'aiguille. Enfournez ce sympathique palmipède au four où vous le laisserez séjourner cinq bons quarts d'heure. Mieux, si vous avez le loisir de le mettre en broche dans la cheminée, laissez-le tourner six bons quarts d'heure.

Pendant que vos convives se délectent, montrez leur votre érudition sur le canard de Barbarie. Vous leur dites que c'est une volaille monogame à l'état sauvage, mais qu'elle devient polygame en domesticité. Un truc bizarre, le mâle, pendant l'hiver, a une atrophie des organes génitaux. Rassurez-vous, ça lui revient aux premiers beaux jours...

---

un canard de Barbarie
ventrèche
une tranche de veau (environ 250 gr)
oignon
échalotes
ail
sel
poivre
graisse de canard

Canard en blanquette

Vous vous êtes procuré un beau canard, pas des plus jeunes, mais quand même pas un ancêtre. Coupez-lui le bout des ailes et des cuisses qui ne seront pas utilisés pour votre blanquette.

Détachez la chair de la carcasse dont vous n'aurez pas, non plus, l'utilité. Cette chair est partagée en morceaux que vous allez faire dorer dans une cocotte avec de la graisse de canard fondue.

Cette graisse, n'oubliez jamais qu'elle est adoucissante, résolutive et émolliente, comme disaient les médecins du temps de Molière !

Salez avec modération. Poivrez avec profusion. Couvrez la cocotte et laissez cuire un petit quart d'heure. Les vieilles de chez nous reconnaissaient que la cuisson était à point, lorsqu'une paille pouvait traverser la chair sans se briser...

Pendant que ces morceaux du canard frissonnent dans la graisse, au lieu de perdre votre temps, faites revenir des cèpes dans la poêle ; huile ou graisse, à votre préférence.

Hachez grossièrement une dizaine d'échalotes. Ajoutez un oignon émincé, mais pas trop fin. Ajoutez un petit peu d'ail. Jetez dans la cocotte pour que le tout devienne doré.

Couvrez et laissez au feu, cinq minutes.

Si par malheur, vous n'aviez pas de cèpes, et que vous leur substituiez des champignons de Paris, ces derniers doivent revenir dans du beurre.

---

un canard, éventuellement vieux
de la graisse de canard
échalote
ail
sel
poivre
beurre
2 ou 3 œufs
2 ou 3 citrons
cèpes
bouillon aux trois viandes

Préparez-vous un roux, qui est un mélange de beurre et de farine auquel vous aurez fait prendre couleur sur le feu. Additionnez d'un bon bouillon aux trois viandes : bœuf, veau, porc, et leurs bons légumes.

Renforcez la préparation avec le jus de deux citrons et deux ou trois jaunes d'œufs bien battus, plus une cuillerée de crème fraîche par jaune.

Arrosez le canard de cette goûteuse sauce. Laissez le tout tranquillement mijoter. Préparez-vous au régal !

Le canard au Saint-Emilion et à l'Armagnac

Les fins connaisseurs vous le confieront, le Saint-Emilion est un grand vin renommé, qui se distingue par sa générosité et tout son mœlleux. C'est un vrai bienfait du Bon Dieu !

Commencez par faire dorer de petits dés de ventrèche au fond de la poêle.

Découpez le canard. Divisez ses membres et mettez-les dans la sauteuse jusqu'à ce que leur graisse soit fondue. Bien entendu, vous épicez.

Chauffez le Saint-Emilion pour le flamber. Laissez-le un petit peu en ébullition avant de le répandre avec respect sur les membres du canard.

Ajoutez les quartiers de tomate, le thym, la feuille de laurier, le persil, la gousse d'ail écrasée, la râpure de noix muscade.

Faites le mijotement une bonne heure.

Caramélisez vos oignons dans trois cuillerées à soupe d'eau, une cuillerée de sucre en poudre, une belle noix de beurre et le filet de vinaigre. Ces petits oignons nouveaux doivent prendre la couleur des caramels blonds.

Les champignons de Paris, équeutés, arrosés d'un jus de citron, reviennent cinq minutes à la poêle. Ajoutez-les dans la sauteuse, en même

---

un canard de Barbarie
ventrèche
250 g environ de champignons de Paris
12 petits oignons nouveaux
un litre de vin de Saint-Emilion
une gousse d'ail
un bouquet garni
sel, poivre
muscade
un verre d'Armagnac
sucre en poudre
graisse de canard (une belle noisette)
2 tomates (selon grosseur)
pain de campagne
foie de canard gras cru

---

temps que les oignons caramélisés. Une petite cuisson de la demi-heure.

Faites de beau croûtons à la poêle dans la graisse de canard.

Dans une autre poêle, dorez à sec des escalopes de foie de canard cru.

Ces escalopes vont reposer sur les croûtons. En fait, ce sont plutôt des rôties.

Sortez les membres du canard. Nappez-les avec les champignons et les oignons. Bordez-les avec les rôties au foie gras.

Flambez l'armagnac vieux. Arrosez tout ce petit monde. Servez presto.

Il faut vous dire qu'à Saint-Emilion, au temps des Romains, il y avait déjà des vignobles !

Le canard sauvage à l'Armagnac

Vous devez savoir que le canard sauvage est d'un goût plus stimulant que celui de son frère élevé en esclavage ! Son fumet est différent et ce serait le rabaisser au-dessous de sa valeur que de ne pas lui apporter toutes vos attentions quand vous le préparerez.

Prenez un beau canard Colvert en bénissant l'adroit chasseur qui vous en a fait hommage.

Trouvez de la résine de pin, en forêt landaise ou ailleurs. Pulvérisez-la. Frottez ce gibier, très soigneusement, sur tout le corps et attardez-vous plus encore sur sa tête. En Gascogne, cette poudre est appelée le "brêt".

Plongez le Colvert, tout oint de résine dans une bassine d'eau bouillante. Le plumage, mouillé et collé par la résine fondue, s'enlève comme une chemise de nuit ; aussi facilement.

Videz la bête et réservez-vous son foie.

Hachez la ventrèche, le quasi de veau, le foie du Colvert, un petit peu d'oignon, un rien d'ail, un autre rien d'échalote. Salez. Poivrez. Humectez à l'Armagnac. Additionnez d'un œuf.

Désossez et mettez par côté la carcasse, ou demoiselle, pour la sauce.

Emplissez la bestiole avec cette bien bonne farce. Cousez-le. Epicez.

---

un beau canard Colvert d'environ 1kg800	*thym*
Armagnac	*persil*
Madère	*laurier*
cèpes	*oignon*
ail	*un ou 2 œufs*
échalote	*une tranche de quasi de veau (250 gr environ)*
ventrèche	*vin blanc sec*

Dans une cocotte, la graisse de canard est à la fonte. Quand elle sera bien chaude, faites-y revenir des oignons émincés jusqu'à transparence ; ajoutez thym et laurier. Disposez le canard dans la cocotte. Couvrez et laissez faire la cuisson une heure durant.

Rompez la carcasse en plusieurs morceaux. Dans la casserole, versez du vin blanc, et du sel, et du poivre, et des carottes coupées en rondelles et deux oignons en quartiers, l'ail, thym et laurier ; enfin, tous les os et les morceaux de carcasse.

Le canard a mijoté, à petit feu, deux bonnes heures. Extirpez-le de sa cocotte et maintenez-le au chaud. Déglacez avec un verre de Madère. Le Madère, comme le Porto ou le Malaga, vous parfume tout particulièrement la cuisine.

Couvrez la cocotte. Laissez frissonner. Passer le fond de sauce au chinois et l'ajouter dans la cocotte.

Faites sauter les cèpes dans la poêle. Assaisonnez.

Présentez le canard sauvage et son rosaire de cèpes. La sauce, à part.

Quand les enfants du Bon Dieu prennent des canards sauvages, ils ont droit à quelques indulgences...

Le canard landais à la royale

Procurez-vous un de ces canards landais bien en chair, que vous videz, ouvrez tout du long sur son devant, et privez de ses abattis.

Désossez votre palmipède, et décollez-lui son "paletot", comme vous le faites, chirurgicalement, pour la découpe du magret.

Quittez-lui son gras.

Epicez convenablement ce paletot de canard que vous mettez au four chaud, tout en surveillant son nouveau dégraissage.

Dans une cocotte, faites dorer le foie de canard. Côté pile et côté face. La cuisson se fait au goût de chacun comme on aime !

Votre paletot et votre foie étant tièdes, vous posez le foie sur le paletot. Vous repliez ses côtés autour du paletot comme pour le langer. Et vous ficelez cette préparation, pareil que s'il s'agissait d'un rôti.

Votre rôti de canard va reposer au frais, toute une nuit peuplée de rêves gourmands.

Le lendemain, vous le passerez au four chaud, une demi-heure durant.

Le canard des Landes à la royale vous paraîtra alors bien succulent.

Figurez-vous qu'au Moyen-Age, les gens du commun croyaient que le canard trouvait son origine dans le bois pourri de vieux navires ; d'autres étaient persuadés qu'il sortait d'une coquille fluviale analogue à celle des huîtres. C'est quand même les gaulois de chez nous qui ont appris aux Romains à engraisser la volaille, avec des procédés comme nous en avons encore en Gascogne !

Le chapon farci à la broche

Pour vous assurer que votre chapon vivant est gras, tout en tenant compte de son poids, vous lui examinez l'os de l'extrémité de son croupion, près de la queue ; s'il est bien arrondi et garni de graisse, vous pourrez être dans la certitude que l'animal est gras. Si vous l'achetez tout prêt paré chez votre volailler, vous n'avez pas besoin de recourir à cette inspection anatomique intime.

Préparez la farce et n'oubliez pas qu'elle joue un grand rôle en cuisine. Vous devrez toujours la traiter avec beaucoup de soin et de méditation. Vous veillerez à l'emploi judicieux des épices, lesquelles, maniées avec imprudence, vous détruisent toute l'harmonie de votre composition.

Faites revenir votre farce à la poêle dans la graisse de canard. Une fois refroidie, aspergez-la d'armagnac et ajoutez-lui des petits dés de foie gras cru. Engrossez votre chapon de cette farce et cousez-le.

Vous l'épicez, lui passez la broche à travers corps et le cuisez devant les braises, une heure et demie avec de fréquents arrosages.

Pour la beauté du spectacle, vous le flambez au capucin. Les flammèches qui dansent sur sa peau juteuse et craquelée vous feront saliver par avance !

Vous savez que le chapon est un jeune poulet de l'âge de huit à neuf mois, réduit à l'impuissance, qui a été très soigneusement engraissé. Et ce vœu de chasteté lui donne encore plus de tendresse dans sa chair.

---

un beau chapon — *foie gras cru*
jambon de pays — *armagnac*
oignon — *sel, poivre*
échalote, ail — *graisse de canard*

Le cassoulet comme à Rion des Landes

Mettez de l'eau froide dans la casserole et jetez-y les beaux haricots blancs, choisis et triés, que vous avez lavés à l'eau fraîche après les avoir fait tremper depuis la veille. Assurez-vous que le fond de la casserole est assez large pour que vos haricots ne soient pas les uns sur les autres sur une trop grande hauteur, ce qui les empêcherait de gonfler tout à leur aise.

Faites fondre des petits dés de ventrèche dans la poêle. Laissez leur prendre couleur. Retirez-les. Dans cette même poêle, placez les oignons coupés en lamelles, deux échalotes hachées menu, une gousse d'ail, moins son germe, et laissez fondre avant d'ajouter les haricots et les dés de ventrèche.

Ajoutez le thym, la feuille de laurier, la tomate pelée ou du concentré, les couennes du lard gras frais, les cous de canards confits. Salez juste. Poivrez avec plus de générosité. Poursuivez la cuisson.

Piquetez les saucisses à la pointe de la fourchette. Grillez-les sur la braise.

Les puristes vous diront que la tradition veut, qu'à Castelnaudary, pays d'origine du cassoulet, il comporte de l'oie et que les saucisses soient cuites avec les haricots.

---

haricots en grains	*couennes de lard*
ventrèche	*cous de canard confit*
oignon	*sel*
échalote	*poivre*
ail	*saucisse de Toulouse : une*
thym	*par personne*
laurier	*ailes et cuisses de canard*
tomate (ou tomate	*confit : une par personne*
concentrée)	*graisse de canard*

Sur un autre feu; chauffez et dorez à la poêle les cuisses et les ailes de canard confit, doucement.

Si bon vous semble, arrosez les saucisses sur le gril avec le gras de jambon fondant dans le cornet de fonte du flamboir, chauffé à blanc.

Avant juste de servir, prenez de la graisse de canard, un peu fondante, dans une cuillère à soupe, saupoudrée d'ail haché tout fin, tout fin. Mélangez avec toute votre délicatesse, l'ail et la graisse, et versez le contenu de la cuillère au beau milieu du cassoulet. Remuez tendrement.

Le dessus du cassoulet comme à Rion des Landes doit avoir pris une jolie couleur dorée. Son intérieur est tout-à-fait onctueux, le jus très lié, tout l'ensemble faisant bien corps et même consistance. Servez tout chaudement...

Les confits

On peut faire des confits avec plein de bêtes : de la poule, de la dinde, du dindon, du cochon, de l'oie. Mais là, nous allons nous occuper du canard.

Le meilleur moment pour préparer le confit, c'est l'hiver ; mais une fois qu'il est dans sa graisse complètement figée et dans son pot tout à fait froid, il peut se garder pendant des mois.

Vous mettez votre canard gras à plat ventre. Vous lui coupez le cou au ras du corps, les ailerons à la jointure, les pattes palmées enfin.

Vous ouvrez son dos dans toute sa longueur, en suivant au plus près la carcasse, pour en séparer le "paletot". Le paletot, c'est l'ensemble des cuisses et des ailes.

Vous frottez le paletot au gros sel, et vous le mettez tout entier dans une bassine que vous avez tapissée de gros sel. Placez la bassine dans un endroit frais et laissez-la quarante-huit heures.

Au bout de ce temps, lavez le paletot à l'eau tiède. Ensuite, dans une seconde eau, presque froide. Epongez très soigneusement.

Découpez les cuisses et les ailes et les autres morceaux du paletot.

Versez dans le chaudron, ou une marmite, de la graisse de canard à fondre pour démarrer la cuisson du confit. Laissez fondre en remuant à la cuillère de bois. Quand cette graisse commencera à chantonner, plongez-y les morceaux du paletot, à l'exception des parties nobles : cuisses et ailes.

Tout ce gras va fondre dans la demi-heure qui suit. Il va frétiller, bouillonner. Vous allez y déposer, en bon rangement, ces cuisses et ces ailes, et bien surveiller leur cuisson, à four doux, une heure de temps.

Deux ou trois gousses d'ail haché fin peuvent rejoindre le confit. La cuisson doit continuer, toujours à feu doux, pendant deux heures.

Les pièces du confit sont bien cuites quand elles tombent de la fourchette qui les pique.

Votre confit se conserve en bocal de verre ou dans des toupins de terre vernissée.

Une préparation des toupins est nécessaire avant d'y mettre les confits. C'est la brazade, ou, si vous préférez, la cendrée.

Vous mettez des cristaux de soude et de la cendre de bois dans le toupin. Après, le toupin s'en va dans le chaudron, plein d'eau bouillante. Vous l'y tourniquez bien. Rincez, rincez, rincez...

Mettez votre toupin, cul par dessus tête, sur un piquet, pour qu'il sèche à l'air devant chez vous. Si vous êtes en appartement, le bocal de verre vous dispensera de la brazade. C'est quand même joli à regarder, ces toupins ventrus qui sèchent sur des piquets d'acacia, en attendant qu'on leur emplisse la panse de ces succulents confits !

Et puis, la brazade vous empêche le confit de moisir...

Disposez vos morceaux de paletot, et les cuisses et les ailes, bien comme il faut, dans le toupin séché au grand air, de manière qu'ils ne touchent jamais le bord. Emplissez-le avec de la graisse liquide, mais presque refroidie.

Une fois le toupin plein, laissez reposer au frais vingt-quatre heures.

Couvrez avec une feuille de papier huilé, saupoudré de sel gros. Couvrez par-dessus avec un autre papier exprès, rabattu sur les bords du toupin et bien ficelé.

En bocal, vous disposez deux cuisses, ou deux ailes, ou vous panachez. Vous remplissez de graisse comme au toupin. Vous stérilisez le bocal. Le bocal se conserve aussi des mois.

Tous ces beaux toupins vernis, pleins de bon confits dans leurs panses, bien alignés sur les hautes étagères de cuisine, c'est plus regardable que les bocaux de verre enfermés au placard !

Les cous farcis de canard

Si la chirurgicale opération qui consiste à couper la tête du canard pour en avoir le cou après décollation vous répugne, achetez des cous pré-découpés. Vous vous sentirez plus guilleret pour les farcir !

Prenez donc un premier cou, retournez-lui la peau comme vous le feriez d'une chaussette, évitez de trouer cette peau. A l'aide d'une aiguille et de fil, vous allez coudre l'extrémité la plus petite de ce cou et remettrez sa peau à l'endroit, comme vous le feriez si vous aviez mis la chaussette à l'envers.

Coupez les ailerons du canard. Otez-en la chair que vous passez au hachoir. Ajoutez le jambon de pays coupé en dés assez épais, l'oignon coupé à la va-vite, les petits cubes de ventrèche, les trois échalotes, à la gousse d'ail écrasée, le persil. Hachez le tout.

Coupez votre foie gras en cubes, ni trop petits, ni trop gros.

Salez le hachis et poivrez-le hardiment.

Amalgamez les cubes de foie gras au hachis. Amalgamez encore. Remplissez votre cou, pas la chaussette. Voilà ! Préparez-vous à coudre l'autre extrémité, à petits points délicats, comme pour un ouvrage de broderie.

A ce moment précis, deux solutions de cuisson s'offrent à vous :

---

un canard entier ou des cous de canard (on les trouve)	*sel*
	poivre
	graisse de canard
foie de canard frais	*ficelle*
jambon	*aiguille*
échalotes	*ail*
ailerons du canard	*persil*

Premièrement, vous pouvez stériliser le cou farci dans un bocal. Le bocal sera placé dans le stérilisateur, ou dans toute autre marmite pleine d'eau. Cette cuisson au bain-marie peut prendre deux heures comme trois. Les avis sont partagés.

Deuxièmement, vous pouvez mettre votre cou dans la friteuse où bouillonne la graisse de canard. Quand le cou est cuit, après une demi-heure, il refait surface.

Rien ne vous interdit de préparer plusieurs cous de canard à la fois.

La dinde farcie avec sa garniture de cailles

La dinde est beaucoup moins féconde que la poule, et se contente d'une seule ponte annuelle, de dix-huit à vingt œufs... Mais comme la recette qui vient n'a pas besoin d'œufs de dinde, ni de poule, c'est pas très important !

Dénichez-vous chez le paysan ou le maître-volailler, une dinde de basse-cour, au plumage jaspé-cuivré, avec une poitrine bien développée, et qui ait pu, de temps à autre, s'en aller aux champs...

Au hachoir, passez le jambon de pays, le propre foie de la dinde, l'oignon accompagné de ses deux échalotes.

Faites revenir une tranche de veau et mettez-la aussi au hachoir. Epicez. Le hachis doit revenir cinq minutes à la poêle. Arrosez à l'Armagnac. Et, si les moyens vous en sont donnés, ajoutez des éclats de truffe, des morceaux de foie gras de canard, crus.

Farcissez la bête avec tout votre hachis. Cousez-lui l'ouverture avec une grosse aiguille et de la ficelle de cuisine. Embrochez l'oiseau et laissez rôtir une heure et demie à deux heures. La femelle du dindon est de chair plus délicate et plus tendre que celle de son mâle...

---

jambon de pays
ventrèche
Armagnac
dinde de 3 kg500 à 4 kg
8 à 10 cailles
truffes ou brisures de truffes
foie gras de canard cru
raisins frais ou raisins de Smyrne trempés à l'Armagnac
une tranche de quasi de veau (environ 300 gr)
2 ou 3 gousses d'ail
2 échalotes
oignons
2 cuillerées à soupe de persil
sel
poivre
huile

Vous avez préparé vos cailles, les avez farcies de grains de raisin chasselas, d'un morceau de foie gras, encore du raisin, et recousues avec minutie. Vous les suspendez, une à une, à une ficelle accrochée à l'intérieur du manteau de la cheminée, par le cou. Laissez-les se tortiller jusqu'à la cuisson.

Faites des rôties dans de larges tranches de pain, dorées à la poêle dans la graisse de canard, ou étalées sous les cailles pour en recevoir les sucs.

La dinde et les cailles sont à point. Découpez la dinde et la farce en tranches. Entourez avec les rôties sur lesquelles vous couchez les cailles.

Le silence qui accompagne cette dégustation est grand comme celui de la messe, pendant l'élévation !

Foie gras en crépinettes

La crépinette, des fois que vous ne sauriez pas, c'est de la viande hachée enveloppée dedans un morceau de crépin, ou crépinette, de porc frais et que vous pouvez mettre sur le gril, dans la poêle ou au four.

En avant ! Passez au hachoir du jambon, de la ventrèche, un oignon et deux échalotes.

Etalez votre crépin, ou crépinette, de porc sur une planche à découper.

Disposez dessus une couche de farce.

Epicez-la.

Sur cette couche de farce, allongez une tranche fine de foie gras. Saupoudrez cette tranche de brisures de truffes (si le contenu de l'escarcelle familiale vous l'autorise...).

Montez d'un étage en disposant sur le foie gras, saupoudré de raclures de truffe, une fine escalope tranchée dans un magret.

Tartinez d'une nouvelle couche de farce.

Refermez cette crépinette avec soin et aplatissez-la avec légèreté.

Posez sur le gril, ou dans la poêle, ou mettez au four. Surveillez en laissant cuire doucement une vingtaine de minutes.

C'est ça, la crépinette de chez nous !

---

foie gras de canard cru	*truffes*
magret de canard	*jambon de pays*
ventrèche	*crépine de porc*
échalotes	*sel, poivre*

Le foie gras en papillote

Vous avez choisi un beau foie de canard. Salez-le. Poivrez-le avec générosité avant de le déposer dans une feuille de papier aluminium, précautionneusement, comme s'il s'agissait d'une sainte relique. Humectez-le d'un vieil Armagnac, que vous tenez en réserve pour les occasions rares. Repliez cette parure d'argent sur le foie. Posez la papillote dans un plat qui s'en ira au four qui sera chaud. Le foie, la papillote et le plat resteront à cuire une vingtaine de minutes.

Servez aussitôt et que les verres des convives extasiés soient emplis d'un gai vin de sable, blanc ou rouge, d'un bouquet suave, et qui tient la comparaison avec les vins de Pouilly ou de Chablis. Moment délectable. Son arrivée sur table sera une apothéose !

---

foie de canard gras
sel
poivre
feuille de papier aluminium
Armagnac

Le foie de canard persillade

Choisissez-vous d'abord le persil. Il y en a du commun, du panaché, du frisé, à grosse racine, à grande feuille. Sachez que le frisé est sujet à dégénérer et que celui à grosse racine mérite votre préférence.

Salez un foie au gros sel. Poivrez-le. Couchez-le dans votre cocotte en fonte, froide, et cuisez-le, à tout petit feu, une vingtaine de minutes.

Le jus exprimé sera dégraissé comme il faut, avec la cuillère en bois, et sans sortir le foie de sa cocotte.

Le moment est venu d'ajouter une bonne persillade de votre plante à grosse racine, tendre et sucrée. Couvrez la cocotte et laissez, hors-feu, dix minutes d'holorge vieille.

---

foie de canard gras
ail
persil
gros sel
poivre

Le foie de canard au poivre vert

Prenez un beau foie de canard. Le saler et poivrer. Chauffez légèrement votre poêle en fer, à fond épais. Mettez-y votre foie entier et laissez-le dorer sur ses deux faces, en lui accordant toute votre attention.

Saupoudrez abondamment ce foie de poivre vert.

Vous allez le cuire, à tout petit feu, quinze à vingt minutes, toujours en surveillant cette cuisson amoureusement.

Pour mieux apprécier la bonne cuisson du foie, faites-lui une petite incision avec la pointe d'un petit couteau effilé. Le foie doit rester légèrement rosé à l'intérieur.

Il n'y a pas de règle impérative pour le temps de cuisson qui dépend de l'importance et de la qualité de votre foie... celui du canard.

Chatouillant le palais et l'âme des gourmets,
Il titille le nez des gourmets en extase
Et dans sa préséance au royaume des mets,
On ne peut en parler, sinon avec emphase...

---

foie de canard gras
sel
poivre vert

Le foie de canard aux pommes

Quand vous aurez saupoudré le foie du canard d'un peu de sel gros et davantage de poivre moulu, vous le faites aller à la poêle chaude où il prendra couleur. Attention au feu ! Retournez-le gentiment et faites subir le même sort à l'autre face.

Pelez des pommes à couteau, pas trop douces ; de préférence acides. A la pointe du couteau, vous sculpterez des petits morceaux de fruit pour servir d'escorte au foie dans la poêle. Vous n'aurez que l'embarras du choix pour les pommes : de la reinette orange à la reine des reinettes, à chair cassante.

Arrosez d'un demi-verre de Porto et laissez réduire à petit feu, toujours sous surveillance.

Quand le jus sera réduit, liez avec votre compote de pommes légèrement acidulées et laissez encore mijoter un petit quart d'heure.

Le foie de canard gras aux pommes reinettes est encore une gourmandise triomphante de notre gastronomie des Landes !

---

foie de canard gras
sel
poivre
pommes de préférence acides
Porto

Le foie de canard au Sauternes

Faites donc baigner votre foie de canard dans un liquoreux vin de Sauternes pendant vingt-quatre heures. La couleur topaze brûlée de ce vin des tables princières s'harmonise avec celle ambre jaune de ce foie.

Pelez de gros raisins blancs que vous épépinerez sans abîmer les grains. Mettez-les à mariner, eux aussi, dans du Sauternes, mais séparément du foie.

Vingt-quatre heures ont passé. Faites rendre au foie tout le vin de Sauternes dont il est imbibé. Salez. Poivrez, toujours avec générosité. Placez le précieux organe hypertrophié dans une sauteuse, sans le couper ! Sinon, il fondrait trop à la cuisson. Dorez-le, pile et face, en y apportant toute votre attention. Le feu doit toujours être égal.

Enlevez le foie de la sauteuse. Si besoin est, dégraissez-le encore avec le plus grand soin. Déglacez la sauteuse avec un verre de Sauternes et laissez réduire à feu menu. Vous ajoutez les grains de raisin. Laissez-les dorer ; pas trop. Ils doivent rester croquants. Retirez-les.

Le foie retourne dans la sauteuse, et va y cuire, à feu doux, découvert, une dizaine de minutes. Accompagnez-le des grains de raisin. Servez prestissimo !

---

foie de canard gras
Sauternes
Porto
raisins blancs à gros grains
sel
poivre

Le foie de veau à la girondine

Nos bons voisins girondins sont gens de grande réputation gastronomique et s'ils tirent une grande fierté de leurs vins prestigieux, ils ne limitent pas leur cuisine à l'entrecôte, à la lamproie et aux cèpes. Ils ont une façon bien à eux de préparer le foie de veau.

D'abord, ils lardent un foie entier avec plein de petits morceaux de barde et y ajoutent, même, quelques demi-gousses d'ail.

Puis, ils font revenir à la poêle, dans de la graisse de canard, ou à l'huile, quelques-uns de leurs fameux cèpes de Bordeaux, ceux-là qui sont d'un brun sombre avec le pied obèse aussi gros que le chapeau.

Eux aussi, se servent de la crépinette, bien étalée sur la table, pour y recevoir un premier lit de cèpes. Ils ne salent pas beaucoup et poivrent davantage, comme nous, dans les Landes, leur tranche de foie qu'ils allongent sur ce lit de cèpes de chez eux.

Ensuite, ils le recouvrent d'une autre couche de leurs cèpes, avant de langer leur foie dans la crépine.

Ils mettent à fondre de la graisse de canard de chez nous dans une cocotte en fonte, s'y mettent le foie à cuire en l'arrosant de deux verres de Porto.

---

une belle tranche de foie de veau
cèpes
tomates
échalotes
ail
carottes
thym
laurier
bardes de lard
ail
sel
poivre
crépine de porc
graisse de canard
vin blanc

Ils couvrent et font mijoter, à tout petit feu, un peu plus d'une heure.

Nos voisins girondins retirent la crépine et coupent le foie de veau comme un rôti de bœuf, l'entourent de leurs fameux cèpes de Bordeaux, l'arrosent avec le jus de la cuisson réduit, et trinquent à la bonne santé de leurs bons voisins et amis des Landes.

Le foie de veau de Maïté

Commencez par vous préparer la marinade : dans un plat ovale, pas trop profond, déposez deux carottes en rondelles, un oignon émincé, quatre gousses d'ail écrasées avec la lame du couteau à plat, le thym, la feuille de laurier, le serpolet, la pincée de sel et le poivre en grains. Arrosez le tout de vin blanc.

Lardez et assaisonnez fortement une belle tranche de veau, d'une teinte blonde et non pas rouge foncé. Laissez-la mariner pendant une bonne heure. Vous l'aurez lardée, après l'avoir incisé à la pointe d'un petit couteau, de petits lardons. Sortez le foie de sa marinade. Epongez-le.

Dans la poêle où vous aurez mis un petit peu de graisse de canard, ce foie va dorer sur ses deux côtés. Dans une autre poêle, faites revenir des oignons émincés, que vous laissez fondre, à feu doux, jusqu'à ce qu'ils obtiennent la transparence. Ajoutez les échalotes coupées fin ; laissez fondre également.

Le moment est venu de couper quelques jolis cèpes en lamelles de un centimètre environ.

Etalez une crépinette sur votre table de cuisine. On appelle crépinette ou crépine, la membrane de la panse du cochon qui sert à envelopper des viandes hachées ou émincées. Alors, sur cette crépine, vous disposez un lit de vos oignons,

---

une belle tranche	*laurier*
de foie de veau	*bardes de lard*
cèpes	*ail*
tomates	*sel*
échalotes	*poivre*
ail	*crépine de porc*
carottes	*graisse de canard*
thym	*vin blanc*

échalotes et cèpes en lamelles, que vous allez recouvrir avec la tranche de foie. Par dessus le foie, un autre lit d'oignons, échalotes et cèpes, et vous refermez la crépine.

Déglacez la poêle où le foie a doré avec un peu de marinade. Laissez réduire un petit peu. Mettez dans la poêle, sous surveillance d'un quart d'heure, la tranche de foie de veau emmaillotée dans sa crépine.

Quand vous servirez cette grande ressource de votre repas, n'oubliez pas d'enlever votre crépinette !

La garbure gasconne

Quand les carreaux de vitres de la maison seront bien givrés, que vous aurez chauffé la cuisine, préparez une garbure comme par chez nous et vous allez redécouvrir le vif plaisir d'une vraie soupe paysanne d'autrefois !

"Aie du goût et laisse faire le feu !", disait toujours ma pauvre grand'mère. Chez nous, en Gascogne, les traditions culinaires rustiques ont résisté à l'intrusion de la vie moderne. La cocotte-minute et le four à micro-ondes n'ont pas, systématiquement, détrôné le toupin de fonte à trépied, la lèchefrite en terre rouge et le flamboir de capucin.

Sans doute, un beau jour, pas si beau que ça, nos vieux ustensiles de cuisine s'en iront au musée des Arts et Traditions populaires de la ville, mais pour l'instant, notre garbure gasconne mijotera dans le toupin, sur les braises.

Dans votre toupin, tant pis si vous n'avez que la marmite émaillée, rempli d'eau froide, mettez un "camajou" ; c'est l'os du jambon que vous aviez pendu à la poutre. Laissez bouillir trois-quarts d'heure. Ajoutez vos haricots en grains que vous aviez mis à tremper la veille. Laissez frissonner une heure.

Ajouter les légumes coupés et laissez au lent mijotement encore une demi-heure. La garbure demande patience et longueur de temps.

---

canard : les cous
les ailerons
une partie des carcasses
un camajou ou manchon de jambon sale
250 gr de haricots en grains, trempés 24 h
une livre de carottes
navets
7 ou 8 poireaux (environ 700 gr)
un kg de pommes de terre
ail
graisse de canard
un joli chou

Le moment est venu de glisser dans le toupin ou la marmite, tous vos abats de canards : les cous, les ailerons, les carcasses. C'est reparti pour un nouveau frisson d'une heure. Le secret de la garbure gasconne, c'est que l'eau ne doit jamais bouillir ! Pendant toutes ces heures de frissonnement, elle va s'acquérir son mœlleux, son fondu.

Un quart d'heure avant de mettre la soupière sur table, faites blanchir à part un beau chou, du vert pommé, qui va donner tout son parfum à votre soupe. Vous l'avez placé dans l'eau froide et l'y avez laissé une ou deux minutes, seulement, après ébullition. Posez les feuilles du chou sur la garbure qui frissonne toujours et laissez mijoter une dizaine de minutes.

Juste cinq minutes avant de passer à table, renforcez la garbure avec une grosse louche de graisse de canard dans laquelle vous avez pilé cinq gousses d'ail.

Vos convives ont l'œil allumé. Cette superbe nourriture terrestre va vous les ravigoter ; d'autant plus que la louche tient toute droite, seule, dans le milieu de la soupière !

Le homard flambé de Maïté

Prenez un beau homard, puis sur sa carapace
Posez une main ferme, et, quelques sauts
qu'il fasse,
Sans plus vous attendrir à ses regrets amers,
Découpez tout vivant ce cardinal des mers...

En l'occurrence, vous vous contenterez de le plonger dans son court-bouillon et de l'y laisser 4 à 5 minutes. Votre crustacé doit être saisi, mais pas cuit. Extirpez-le du récipient et laissez-le refroidir.

Pour juger de la fraîcheur d'un homard, vous lui aurez flairé le dos, entre la naissance de la queue et le corps. Il doit avoir une bonne odeur de marée fraîche.

Le meilleur court-bouillon se compose de moitié eau salée et moitié vinaigre ou vin blanc sec. Vous y avez ajouté le sel et un bouquet de persil. Pour donner plus saveur à ce cardinal des mers, il convient de renforcer le court-bouillon de deux carottes, oignon, clou de girofle, un piment rouge, thym, laurier, une pincée de safran et un verre de porto.

Découpez la bête à pinces dans sa longueur, en commençant par la tête. Mettez la chair de côté.

Du beurre fond dans la poêle. Jetez-y les champignons en lamelles et faites revenir sans dorer. Au tour de la chair. Laissez aussi revenir un

---

un homard moyen	*oignons*
champignons de Paris	*2 clous de girofle*
beurre	*safran*
crème fraîche	*thym*
Armagnac	*laurier*
pour le court bouillon :	*peu d'ail*
eau	*un verre de vin blanc*
2 carottes	*un peu de Porto*

---

peu. Au tour de la crème fraîche pour lier un instant. Flambez à l'Armagnac brûlant.

Garnissez les morceaux de carapace du homard avec votre préparation dans la poêle. Servez vos amis sans perdre une minute...

Que de cette chair alléchante
Des voluptés naisse l'essaim
Et que, si bonne et si tentante,
Elle fasse damner un saint.

Le magret à la mousquetaire

Il faut un couteau long et large, des mieux affûtés, avec ce fil tranchant que seuls les émouleurs d'autrefois savaient donner !

Notre beau canard landais est posé sur la table de travail. Il est déjà passé de vie à trépas.

Avec le plus grand des soins, vous allez l'ouvrir tout le long de son bréchet. Que d'attention pour découper seulement la peau sans blesser le foie !

Vous glisserez cette lame entre chair et peau afin de détacher en un seul morceau le "paletot" qui doit conserver la chair des cuisses et des ailes.

A ce moment, le magret peut être prélevé. En fait, c'est le blanc de l'aile dans le poulet.

Découpez ce magret au ras du maigre. Ciselez sa peau en son milieu tout du long.

Ouvrez le magret afin de faire une escalope qui sera ourlée par la peau tout autour.

Allongez le magret sur le gril posé à même les braises de sarments de vigne, un peu calmées, ou doucettement à la poêle. Le magret doit être bin doré, mais saignant.

Ne laissez pas traîner votre couteau long et large, des mieux affûtés...

Le magret de canard au foie gras

Décollez la peau qui recouvre la chair du magret, pas complètement, de manière à pouvoir faire comme une poche. Salez et poivrez dessus et dessous.

Introduisez dans la poche une tranche de foie gras frais ainsi que trois ou quatre cèpes émincés. Vos cèpes, auparavant, seront revenus dans un peu de graisse de canard.

Fermez cette poche fourrée et placez-la dans un bocal, côté peau contre le verre du bocal. Fermez le bocal. Capsulez-le et faites-le cuire à l'étouffée, dans un récipient plein d'eau. Même principe que pour la stérilisation. Une heure ou deux. Personne n'est d'accord sur cette durée !

Sortez-le, ou les, magrets du bocal. Faites cuire, tout doucement, dans le jus de la graisse exprimé.

Il y a deux écoles pour la cuisson du magret : l'une propose de le cuisiner dans sa propre graisse ; l'autre recommande de jeter cette même graisse. A Rion des Landes, nous sommes toujours en démocratie culinaire !

---

magrets de canard
foie gras cru
cèpes
graisse de canard

Le navarin de homard

Faites donc d'abord votre court-bouillon et n'y mettez votre crustacé que lorsque le court-bouillon sera cuit ; c'est-à-dire quand vos légumes, carottes, oignon, céleri, cerfeuil, laurier, serpolet ou thym, seront tendres et le liquide réduit : cela demande une heure d'ébullition. Alors, seulement, votre court-bouillon est parfumé ; mettez-y la bête, elle cuira dans autre chose que de l'eau et sera délicieuse. N'oubliez pas les deux verres de blanc sec.

Cet infortuné homard est plongé, tête la première, dans le court-bouillon. Il va y cuire une dizaine de minutes. Retirez-le et faites l'ablation de sa queue en la tournant. Décortiquez le corps avec soin pour ne pas briser la chair. Guillotinez-lui la tête et fendez-la en deux, dans sa longueur, avec un grand couteau à large lame. Réservez la chair du corps. Les morceaux de carapace et la tête coupée en deux s'en vont dans le court-bouillon.

Prenez votre casse-noix et brisez les pattes en mettant de côté les morceaux les plus beaux. Ajoutez au court-bouillon la chair des articulations et laissez bouillir un quart d'heure.

Otez chair et carcasses. Passez-les au chinois avec la moitié du court-bouillon, en écrasant le plus possible au pilon.

Faites revenir des oignons en lamelles à la poêle. Ajoutez des tomates coupées en quartiers. Encore quinze minutes de mijotement. Une

---

un homard d'environ 1 kg
2 grands verres de vin blanc sec
Armagnac
serpolet (ou thym frais)
une feuille de laurier
un petit bouquet de cerfeuil
2 ou 3 belles tomates
un joli navet
une belle carotte
un petit concombre
2 oignons
sel, poivre
huile
farine

---

cuillerée à soupe de fine farine que vous incorporez à la cuillère de bois. Laissez faire le frisson. Rajoutez du court-bouillon pour obtenir une crémeuse sauce. Cela doit cuire quinze minutes.

Pelez carottes et navet joli, pas le concombre. Tronçonnez tout ça. Chaque tronçon est recoupé en quatre. Le tout s'en va à la cuisson dans le court-bouillon resté dans la grande casserole, mais dans l'ordre suivant : trois minutes, les carottes seules, le concombre ensuite, une minute, enfin le navet, deux minutes.

Passez au chinois la sauce avec les tomates et les oignons. Ecrasez bien au pilon. Balancez cette sauce dans la poêle. Avec délicatesse, déposez-y le corps et les pattes ; du moins leur chair que vous aviez si soigneusement décortiquée. Flambez, facultativement, à l'armagnac.

Présentez votre navarin de homard avec sa garniture de légumes, avec une recherche artistique, qui vous vaudra l'admiration extasiée de vos invités !

Le pain de brochet d'Aramis

Ce brochet a tant de noms et de surnoms qu'il ressemble, par ce côté, à ce gentilhomme espagnol dont l'état civil, long d'une aune, énoncé pompeusement aux portes des hôtelleries, faisait que ces portes se fermaient d'elles-mêmes au nez de l'hidalgo !

Il est devenu le poisson-loup, le requin d'eau douce, maître glouton, messire Grandgousier... Suivant son âge, il porte différents noms : petit, il se nomme brocheton ; plus grand, broche-poignard ; plus gros, brochet-carreau...

Faites pocher votre brochet-poignard dans un court-bouillon de votre choix. Un qui est bon, c'est au vin blanc, verjus, sel, poivre, clous de girofle, muscade ; laurier, oignon, citron vert, vinaigre vieux...

Quittez les arêtes du fauve. Emiettez sa chair que vous passez au tamis.

Mélangez cette mousse de brochet à de la pâte à choux, non sucrée, salée et poivrée, confortée d'un petit peu de noix muscade râpée.

Ajoutez trois jaunes d'œufs et deux cuillerées de crème fraîche.

Beurrez votre moule à cake et faites cuire au bain marie, ce pain de brochet, à four chaud, quarante-cinq minutes durant.

---

un brochet d'environ 700 gr
pâte à choux (voir à cette rubrique)
sel, poivre
muscade
crème fraîche
4 ou 5 jaunes d'œufs (selon grosseur)
farine
beurre
queues d'écrevisses ou champignons de Paris, ou huîtres, au choix

---

Préparez une succulente sauce béchamel. Pour la faire plus distinguée, incorporez-lui trois cuillerées de crème fraîche et deux jaunes d'œufs et, si vous êtes vraiment en gourmandise, quelques écrevisses décortiquées, des huîtres du bassin d'Arcachon pochées ; à défaut, des champignons de Paris, à peine revenus au beurre, salés et poivrés, aspergés du jus d'un citron.

Les mousquetaires du Roy, et tout particulièrement Aramis, faisaient le plus grand cas du pain de brochet-poignard, avant de tirer l'épée...

Le pain perdu

Vous ne savez peut-être pas que le premier pain a été cuit, voilà dans les dix mille ans ! Aujourd'hui, il doit être un peu rassis,mais pour faire du pain perdu, justement, il faut du pain rassis !

Faites tiédir du lait. Sucrez-le. Parfumez-le avec la gousse de vanille, la fleur d'oranger ou le zeste de citron, la cannelle et les œufs battus.

Coupez des tranches de pain de ménage rassis (le pain, pas le ménage !) de deux centimètres d'épaisseur et de la largeur de trois doigts.

Placez les tranches de pain dans un plat creux. Versez le lait parfumé dessus et laissez tremper pendant une heure.

Mettez du beurre dans la poêle. Lorsqu'il est chaud, prenez vos tranches de pain avec l'écumoire et alignez-les dans la poêle à côté les unes des autres.

Faites-leur prendre belle couleur des deux côtés. Servez bien chaud après avoir saupoudré de sucre râpé, de cannelle, voire tartiné de gelée de groseilles.

Voilà un dessert économique pour les fins de mois difficiles. Du pain perdu... pas pour tout le monde !

pain rassis	*rhum*
lait	*1 ou 2 œufs*
sucre	*cannelle en poudre*
vanille	*ou râpée*

Les pommes de terre farcies à la paysanne

Pelez-vous de bonnes, grosses pommes de terre ; mais qu'elles soient rondes avec de la régularité dans le contour.

Enlevez-leur une petite calotte à l'extrémité.

Creusez le dedans en laissant des parois assez épaisses, d'un centimètre environ.

Remplissez-les d'une bonne farce contenant de la ventrèche, du jambon de pays, deux échalotes finement hachées, une cuillerée de persil haché, quatre cuillerées de mie de pain rassis, sel, poivre, trois jaunes d'œufs.

Touillez bien le tout.

Enveloppez chacune des pommes de terre farcies dans une feuille de papier d'aluminium.

Déposez-les sur la braise et recouvrez-les de cendres chaudes. Comptez une heure de cuisson à la paysanne.

Si vous êtes de la ville, rangez les pommes de terre ainsi farcies dans un plat à rôtir avec ses bords assez élevés et faites cuire à four doux.

C'est rustique, mais ça vous met du contentement dans votre estomac !

---

pommes de terre	*persil*
ventrèche	*mie de pain*
jambon de pays	*jaunes d'œufs*
échalotes	*sel, poivre*

La poule farcie en daube

Vous pouvez connaître si une poule est jeune ou vieille, en soulevant l'aile et en écartant les plumes du flanc. Chez la jeunette, vous apercevrez un duvet long, léger, extrêmement fin, placé assez régulièrement entre les autres plumes. La peau, rosée, est sillonnée çà et là de très petites veines bleues.

Chez la vieille, le duvet et les veines ont disparu, et la peau est d'un blanc mat, sec, moins lisse et quelque peu farineux.

Vous avez choisi la poule. Préparez une farce : hacher la ventrêche, le foie et le gésier, une tranche de jambon, une ou deux échalotes, des morceaux de pain de campagne, du persil et deux gousses d'ail après leur avoir retiré le germe. Liez avec deux œufs entiers. Poivrer (ne pas saler, le jambon l'est suffisamment).

Farcissez la poule. Cousez-la. Epicez-la. Badigeonnez-la de graisse de canard et dorez-la, au four ou à la broche, mais sans la faire cuire.

Préparez un fond de sauce : dans la cocotte où fond la graisse de canard, jetez des bâtonnets de carottes, des morceaux d'oignon, des lamelles de champignons de Paris, non pelés, une belle tomate, le bouquet. Laissez au mijotement à petit feu.

Flambez un demi-litre de vin blanc sec,

---

une poule	*2 œufs*
pour la farce :	*poivre*
ventrèche	*pour la sauce :*
une tranche de jambon	*graisse de canard*
foie	*carottes*
gésier	*oignons*
échalotes	*champignons de Paris*
pain	*tomate*
persil, ail	*crème fraîche*

---

de Porto. Une demi-heure de petite cuisson.

Prenez la poule qui a juste doré. Mettez-la dans la cocotte. Elle y restera une heure. Vous la tournerez et couvrirez la cocotte.

Vous retirerez la poule. Ajouterez de la crème fraîche dans la cocotte et donnerez un bouillon.

Découpez cette poule farcie en daube. Entourez-la, affectueusement, de ses légumes. Donnez-lui de la sauce. Bon appétit !

Le salmis de homard de l'Atlantique

Apprêtez le petit canard de Barbarie et coupez-lui les ailes et le cou. Mettez-le à la broche pour dix minutes. Il doit être doré, mais pas rôti.

Ce pauvre homard reçoit le supplice de l'ébouillantage. Vous le libérez, plus mort que vif, surtout pas cuit ! Découpez le crustacé et prenez garde de récupérer le liquide qui s'est échappé de sa carapace rosie.

Revenez au petit canard. Otez sa peau. Découpez la chair en petits dés. Broyez la carcasse au hachoir et faites revenir à l'huile d'olive chaude. Salez. Poivrez. Laissez dorer.

Ajouter le hachis d'oignon, d'ail, la demi-feuille de laurier et les deux brindilles de thym.

Mijotement à couvert.

Chauffez un frontignan de votre bon vin rouge vieux. Flambez et versez dans la cocotte. Touillez débris de carcasse et hachis de légumes. Laissez encore mijoter.

L'huile d'olive est dans la sauteuse, sur feu vif, et les tronçons de homard reviennent allègrement, à l'exception de la tête du décapode marin. Salez et poivrez. Les tronçons vont rougir d'aise.

Videz la tête de la bête. Recueillez le suc, la chair, et le peu de cervelle homardesque.

Un vieil Armagnac flambera les morceaux de homard dans la sauteuse, lorsqu'ils auront pris une belle couleur cardinalice écarlate.

---

un petit carnard de barbarie	*laurier*
homard	*persil*
vin rouge	*crème fraîche*
tomates	*sel*
ail	*poivre*
thym	*huile d'olive*
	beurre

Passez au chinois le contenu de la cocotte : carcasse broyée et légumes hachés.

Versez le tout sur le homard dans sa sauteuse ainsi que les petits dés du petit canard de Barbarie, le liquide échappé de la carapace rosie du homard après ébouillantage, le suc, la chair et le peu de cervelle.

Couvrez religieusement et laissez dans le divin mijotement dix bonnes minutes de moine paillard.

Présentez les tronçons du homard dans votre meilleur plat de cérémonie. Faites-lui la grâce d'une belle cuillerée de crème fraîche dans la sauteuse.

Donnez un bouillon et arrosez le salmis de homard de l'Atlantique avec componction !

La sanguette de volaille

Ça peut vous arriver de saigner une volaille ; alors, ne laissez pas perdre son sang. Que ce soit celui d'une oie, d'un canard, d'une poule ou d'un dindon, recueillez-le dans un plat.

Vous vous êtes mis en cuisine de canards, voilà comment vous allez accommoder sa sanguette.

D'abord, mettez dans un récipient creux deux cent cinquante grammes de petits lardons de ventrèche, non salés, deux gousses d'ail finement hachées et la bonne poignée de persil, également haché. Vous pouvez y mettre l'échalote, aussi hachée.

Versez le sang du canard (ou de l'oie, ou de la poule ou de la dinde). Si vous aviez de la crème de lait, ça donne plus de finesse.

Mélangez bien. Faites cuire à la poêle comme une crêpe, ou comme une omelette si votre sanguette est plus grosse.

Salez et poivrez. Mangez la sanguette aussitôt. Vous pouvez l'arroser d'un peu de vinaigre de vin vieux ou encore du jus d'un citron.

En Gascogne, la sanguette se mange froide, quelquefois avec de la moutarde.

On n'est pas barbare pour autant qu'on aime la sanguette !

---

ventrèche
2 gousses d'ail
une petite poignée de persil haché
le sang du canard (recueilli dans une coupelle en le tuant)

La soupe au vin rouge

Je vois sur votre table arriver le potage,
D'une chère excellente, il est l'heureux
présage.
Qu'il en soit gras, onctueux et sente le jambon
Que des sucs végétaux colorent son bouillon.

Coupez en petits cubes la ventrèche et en petits morceaux les oignons.

Faites dorer à la poêle dans la graisse de canard fondue.

Ajoutez un peu de farine que vous aurez laissé cuire un peu, en la maniant bien, dans une casserole.

Versez la bouteille de vin rouge. Joignez-y trois feuilles de laurier et une brindille de thym. Sel et poivre.

Laissez mijoter dans la casserole une bonne demi-heure.

Râpez de la pomme de terre que vous ferez tomber dans la casserole où cette râpe cuira un quart d'heure, en bouillonnement.

Quand vous tremperez cette soupe au vin rouge, rappelez-vous la poésie :

On me dirait dans cet instant :
"La fortune est là qui t'attend ;
Laisse là ta soupe, et sois riche",
Que d'un cran je ne bougerais,
Qu'elle m'attende, je m'en fiche.

---

ventrèche	*vin rouge*
oignons	*thym*
graisse de canard	*laurier*
farine	*sel*
pomme de terre	*poivre*

Les triomphes de Maïté au foie gras

Etalez la pâte feuilletée au rouleau en lui gardant une épaisseur de trois centimètres. Farinez cette surface avec quatre cents grammes de beurre ou de margarine pâtissière. Repliez la pâte.

Farinez légèrement votre planche de travail. Etalez la pâte en épaisseur d'un ou deux centimètres. Repliez un tiers vers le milieu. Rabattez l'autre tiers par dessus. Tournez votre pâte. Etalez-la de nouveau. Recommencez la même opération : un tiers vers le milieu ; l'autre tiers rabattu. Laissez reposer un quart d'heure.

Après ce quart d'heure, vous refaites la même opération. Ça s'appelle "donner deux tours". Comme ça, votre pâte feuilletée aura eu quatre tours. Laissez-la reposer à nouveau, au frais.

Si vous n'êtes pas fatigué, recommencez l'opération repli pour la troisième fois. Votre pâte aura eu six tours de manège. Cette fois, elle est prête !

Entre chaque tour, pendant que la pâte se repose, n'en faites pas autant. Préparez la farce.

Coupez la moitié d'un foie gras en petits cubes. Taillez de petits morceaux de truffe, ou des brisures.

Confectionnez la béchamel assez épaissie. Laissez refroidir.

---

pour la pâte feuilletée :	*pour la farce :*
500 g de farine	*farine*
400 g de margarine ou de beurre (Maïté utilise une margarine de pâtissier)	*lait*
	sel
	poivre
	foie gras
sel	*truffe*

Vous ne vous occupez pas encore de votre pâte feuilletée.

Ajoutez les cubes de foie gras et les épluchures de truffe à la béchamel. Faites cuire une vingtaine de minutes. Vous devrez obtenir une sorte de pâte assez ferme, comme pour des croquettes.

Maintenant, occupez-vous de la feuilletée. Etalez-la très fine, de l'épaisseur d'une pièce de dix centimes.

Gardez la monnaie.

Découpez des rondelles de pâte feuilletée de cinq centimètres de diamètre. Servez-vous d'un verre à pied.

Au centre de chaque rondelle, disposez de la farce. Recouvrez avec une rondelle de pâte feuilletée de même dimension.

Soudez les deux rondelles de pâte en appuyant tout autour avec les dents d'une fourchette.

Battez donc un ou deux jaunes d'œufs avec un rien d'eau. Faites bien le mélange.

Dorez le dessus de chacun des triomphes avec le pinceau trempé dans le jaune d'œuf battu.

Envoyez les triomphes au four et cuisez-les, à four chaud, dix à quinze minutes.

A votre tour d'obtenir un triomphe...

MICHELINE BANZET

Née à Paris.

Ascendances alsacienne, franc-comtoise et polonaise.

Etudes au conservatoire national de musique de Paris.

Plusieurs premiers prix dans différentes disciplines.

Violoniste. Donne des concerts (soliste de la Société des concerts du conservatoire sous la direction de Charles Münch, en particulier...). Etudie la composition avec Darius Milhaud et l'analyse avec Olivier Messiaen.

Collabore à la RTF, puis l'ORTF depuis 1950. Crée avec Marius Constant la chaîne en MF qui deviendra France Musique. Produit et réalise pour cette chaîne plus de mille émissions dont les entretiens avec de grands musiciens, dans la série Trois jours avec... (Karajan, Münch, Maazel, Schwarzkopf, Callas, Poulenc, Boulez, Dutilleux, etc...).

Bordelaise depuis 1956 par son mariage avec Hugues Lawton ; collabore à FR3 et Radio France.

Propose, en 1983, la Cuisine des Mousquetaires, qu'elle souhaite réaliser avec Patrice Bellot, son complice, réalisateur avec elle de nombreuses émissions musicales auparavant, pour FR3 Aquitaine.

PATRICE BELLOT

Né dans le Sud Ouest

Entre à l'ORTF en 1967

Collaborateur de Jacques Chancel (Grand Amphi, puis Grand Echiquier) pendant huit ans.

Réalisateur TV depuis 1977.

Double champion de France des journalistes cuisiniers (1980 et 1981) avec La Garbure Gasconne et les Foies gras de canard au Sauternes et aux raisins.

Nombreuses réalisations : opéras, concerts, émissions sportives (Roland Garros, Trophée Lancôme etc...) en France et à l'étranger.

Trophée du meilleur réalisateur européen de retransmission de Golf (octobre, Trophée Urban).

Sélectionné pour les J.O. d'hiver en France en 1992 et pour les J.O. d'été en Espagne la même année.

Réalisateur de la Cuisine des Mousquetaires, émission créée en 1983 par FR3 Aquitaine, diffusée sur les réseaux régionaux, nationaux et internationaux (TV5 Satellite).

Table des matières

Chaque recette est précédée de l'initiale de la saison.

P Alose en filets marinés, *11*
P Alose farcie à l'oseille, *10*
P Alose grillée sauce verte, *10*
E Anguilles en matelote à ma façon, *52*
E Anguilles persillade à la gasconne, *53*
P Bar farci en crépine, *12*
H Bécasse des bois à la broche, *127*
H Bécasse en croûte au sel et au chou, *128*
H Bécasse à la ficelle, *126*
E Beignets de langoustines, *54*
A Blancs de poulet aux raisins et au Sauternes, *79*
E Brochet au beurre blanc, *56*
A Brochettes de sanglier jeune, *80*
P Cagouilles à la gasconne, *14*
A Cailles dodues avec foie gras, raisins et Sauternes, *82*
H Canard : la cuisine du canard, *130*
H Canard de Barbarie embroché, *131*
H Canard en blanquette, *132*
H Canard au Saint-Emilion et à l'Armagnac, *134*
H Canard landais à la royale, *138*
H Canard sauvage à l'Armagnac, *136*
E Carbonnade gasconne, *58*
E Carbonnade de Maïté, *59*
H Carcassous, *130*
H Cassoulet comme à Rion des Landes, *140*
A Cèpes à la bordelaise, *83*
A Cèpes en bocal : les trois recettes, *115*
H Chapon farci à la broche, *139*
A Chevreuil à la royale, *84*
A Civet de chevreuil, *86*
P Civet de cochon de lait, *16*
A Civet sanglier, *124*
P Cochon de lait farci, *18*
P Confits : la cuisine des confits, *42*
P Coq au vin, *20*
P Coquelets au Sauternes, *22*
P Coquilles Saint Jacques comme chez Maïté, *23*
P Coquilles Saint Jacques le mineur en papillotes, *24*
et à l'oseille

E Coulis de tomates, *60*
H Cous farcis de canard, *144*
H Crépinettes au foie gras, 148
P Darne de saumon à l'oseille en papillote, *25*
H Dinde farcie avec sa garniture de cailles, *146*
P Escalopes de saumon à la purée de cèpes, *26*
P Escargots à la purée d'orties, *38*
A Faisan mis à la broche, *87*
A Faisan aux cèpes, *88*
H Foie de canard en papillotes, *149*
H Foie de canard persillade, *150*
H Foie de canard au poivre vert, *151*
H Foie de canard aux pommes, *152*
H Foie de canard au Sauternes et aux raisins, *153*
H Foie de veau à la girondine, *154*
H Foie de veau de Maïté, *156*
E Fricassée de poissons au Sauternes, *62*
A Galettes de foie gras au fumet de vieux cèpes, *90*
A Galettes de pommes de terre, *91*
H Garbure gasconne, *158*
P Garbure de poissons en croûte, *28*
A Gigue de chevreuil à la broche, *92*
A Gigue de chevreuil sauce grand veneur, *94*
E Gratin de courgettes, *61*
A Grives fourrées aux raisins et au foie gras, *96*
A Haricots de Maïté, *97*
A Heureuses surprises au foie gras, *98*
H Homard flambé de Maïté, *160*
A Huîtres ménagère, *100*
P Lamproie à la bordelaise, *30*
P Lapin aux girolles et au Sauternes, *32*
P Lapin à la rionnaise, *33*
P Lapin sauvage farci, *34*
A Lièvre à la façon de Maïté, *102*
A Marinade de haut goût, *104*
H Magrets de canard au foie gras, *163*
H Magrets de canard à la mousquetaire, *162*
H Navarin de homard, *164*
A Oiseau de flore en salmis, *105*
E Omelette aux langoustines, *64*
A Ortolan, *106*
E Paëlla de la côte basque, *66*
H Pain de brochet d'Aramis, *166*
H Pain perdu, *168*
A Palombes rôties à la broche, *107*

A Papillotes de notre océan aux girolles de notre forêt, *108*
A Pâté de cèpes en croûte au fumet de vieux cèpes, *110*
A Petits pâtés feuilletés aux huîtres, *113*
A Perdrix au chou, *112*
E Petits friands de poissons, *68*
A Pommes de terre farcies aux cèpes, *114*
H Pommes de terre farcies à la paysanne, *169*
H Poule farcie en daube, *170*
E Poulet d'Aramis farci sous la peau, *70*
P Poulet aux écrevisses, *36*
E Poulet fermier à l'ail et aux herbes, *71*
E Purée à l'ail, *75*
P Purée d'orties *39*
E Ragoût de langoustines au Sauternes et à l'oseille, *62*
P Ragoût de petites asperges vertes, *40*
A Ris de veau au fumet de vieux cèpes, *116*
A Ris de veau au Sauternes et foie gras, *118*
H Salmis de homard de l'Atlantique, *172*
A Salmis de palombes, *119*
A Sanglier en civet, *124*
H Sanguette de volaille, *174*
E Sauce Nantua comme à Rion des Landes, *74*
P Saumon au vin de champagne, *42*
P Saumon à la gasconne, *41*
P Saumon du gave au vin rouge, *43*
A Simple poule au pot, *120*
P Soupe d'écrevisses ou "soupe d'Athos", *44*
P Soupe aux huîtres, *125*
P Soupe aux moules ménagère, *48*
P Soupe de poissons de l'océan à la rionnaise, *46*
H Soupe au vin rouge, *175*
E Terrine de canettes, *76*
A Terrine de sanglier, *122*
E Tourin blanchi, *77*
P Tournedos de saumon au foie gras et fumet de vieux cèpes, *49*
H Triomphes de Maïté au foie gras , *176*
P Truite aux épices, aux amandes et aux raisins secs, *50*
P Truite aux girolles, *51*
E La vraie salade landaise, *78*